부자의 방

일러두기

1. 원화 환산 환율은 간단히 1엔당 10원으로 통일하였다.
   예시) 100엔 → 1000원
2. 지명 및 장소는 원어를 함께 표기하였다.
3. 넓이의 단위는 제곱미터를 기준으로 하되 평수를 반올림하여 함께 표기하였다.
   예시) 10제곱미터(약 3평)

4000명 부자의 방을 보고 알아낸 공간의 비밀

부자의 방 房

야노 케이조 지음 | 김윤수 옮김

다산 4.0

사람은 늘 공간 속에 존재한다.
자신을 둘러싼 공간을 어떻게 활용하고 가꾸는지에 따라
그 사람의 운명까지도 결정된다.

성공한 사람들은 모두 자신이 행복할 수 있는 물리적 장소와
가장 편안하게 집중할 수 있는 공간적 좌표를
명확하게 인식하고 있다.

이것이 내가 20여 년간 4000명이 넘는 부자들의 방을 보고 알아낸
단 하나의 진리다.

CASE
01

피로를 풀고 활력을 충전하는 부자들의 공간 활용법

집이란 무엇일까? 집은 인간의 몸과 영혼을 보호하는 공간이다. 세상에 심신을 안정시키는 일보다 더 중요한 것은 없다. 그래서 부자들은 집을 지을 때 '이곳이 나에게 좋은 기운과 에너지를 주는가?'를 최우선으로 생각한다.

부자들이 집에서 가장 신경을 쓰는 공간은 바로 '침실'이다. 사람에게 있어 침실은 생명의 에너지를 채우는 공간이며, 집 안에 생기를 감돌게 하는 장소다. 풍수학적으로 침실은 조금 어두워야 재물운과 애정운이 쌓인다고 하는데 사실 자신에게 잘 맞는 밝기의 숙면 환경을 만드는 일이 더욱 중요하다. 벽 모서리나 창문에는 탁한 기운이 모이므로 침대를 바짝 붙이지 말고, 따뜻한 컬러의 침구를 두어 편안한 느낌을 주도록 한다.

부자들이라고 해서 24시간 일에만 몰두한다고 생각하면 오산이다. 그들도 집 안에 취미 활동을 위한 공간을 마련해두고 습관처럼 휴식을 취한다. 물론 꼭 부자들처럼 거창한 취미를 배우거나 넓은 공간을 마련하지 않아도 좋다. 아이가 그림을 그리면 옆에 앉아 함께 창작 활동을 하거나, 기타를 좋아한다면 그 옆에 작은 의자를 놓아 나만의 취미 공간과 시간을 만들면 된다.

현대 사회를 살아가는 사람들에게 있어 '혼자 있는 시간'은 정말로 중요하다. 부자들은 집을 지을 때 반드시 혼자서 조용히 사색에 잠길 수 있는 공간을 마련하여 하루 동안 있었던 일을 정리하고 앞으로 해야 할 일을 계획한다. 애초에 혼자 생활하는 싱글이라면 방 한 귀퉁이에 오직 사색을 위한 책상과 의자를 두고 그곳에서 생각을 정리하길 권한다.

부자들은 집을 지을 때 '기능'보다는 '아름다움'을 더 중요시한다. 실제로 푸른 나무와 다채로운 꽃을 보며 사는 사람들이 회색빛 콘크리트만 보고 사는 사람들보다 훨씬 더 행복하고 건강하다는 연구 결과가 많다. 집 앞에 정원을 마련하기 어렵다면 발코니 한 켠에 미니 정원을 만들어 자연 친화적인 분위기를 조성해도 좋다.

모든 공간에는 이유가 있어야 한다. 그 집에 사는 가족의 라이프스타일이 고스란히 녹아 있어야 하고, 몸과 영혼이 편안하게 머무를 수 있어야 한다. 나만의 기준을 갖고 공간을 가꾸어나가면 가족의 행복도가 두루 높아질 것이다.

CASE
02

가족의 행복을 지키는 부자들의 공간 활용법

부자들은 거실에 텔레비전이 아닌 '책장'을 배치한다. 가족만의 도서관을 만들어 집 안에 책 읽는 분위기를 조성하기 위해서다. 아무런 의미 없이 스마트폰과 텔레비전만 쳐다보던 가족들은 책을 통해 서로의 생각을 나누고 꿈을 키워간다. '거실 도서관'은 아이들의 놀이터이자 가족 모임 공간 역할을 톡톡히 하며 가족의 라이프스타일까지 바꿔준다.

'밥상머리 교육'이라는 말이 있듯이 '식탁'은 가족의 화목과 교육을 담당하는 중요한 공간이다. 식탁에서 함께 식사를 하면 그간 털어놓지 못했던 속마음을 이야기할 수 있고, 기본 예절이나 대화법을 익힘으로써 사회성도 기를 수 있다.

초등학교 저학년 이하의 어린 자녀를 둔 가정에서는 열린 공간에 아이의 공부 책상을 두는 편이 좋다. 아이는 어른이 바라보는 공간에 있음으로써 언제든 부모가 나를 도와줄 수 있다는 안정감을 느끼고, 쉽게 포기하거나 좌절하지 않는 기질까지 갖추게 된다.

내 집을 마련할 때 남자들은 '서재'를 갖고 싶어 한다. 하지만 서재를 꾸미기에 앞서 '이 공간이 나에게 꼭 필요한가?'를 반드시 물어야 한다. 로망으로 서재를 만들지만 결국 자주 사용하지 못해 창고로 전락해버리는 경우가 많기 때문이다. 또 가장이 너무 서재에만 틀어박히면 가족은 소외감을 느끼게 마련이다. 집에서 회사 업무를 처리할 때는 반드시 가족의 동의를 얻고, 나머지 시간은 가족을 위해 투자해야만 원만한 가족 관계를 유지할 수 있다.

가족이 서로 맺어져 하나가 되어 있다는 것이
이 세상에서의 유일한 행복이다.

–마리 퀴리
(Marie Curie, 프랑스의 물리학자)

CASE
03

건강과 돈을 부르는 부자들의 공간 활용법

생활 공간이 건강하면 자연히 사는 사람의 몸과 영혼도 건강하고 행복해진다. 건강이 뒷받침되면 삶에 활력이 샘솟아 일에 능률이 오르고 운을 내 것으로 끌어당기는 힘도 생긴다.

부자들은 화장실을 남에게 자랑할 수 있을 만큼 깨끗하게 관리한다. '화장실이 더러운 집에는 돈이 모이지 않는다'는 말이 있을 정도로 화장실은 금전운과 건강운이 모이는 중요한 장소이기 때문이다. 특히 세면대 주변에는 수기(水氣)와 화기(火氣)가 공존하므로 자질구레한 잡화로 어지르지 말고, 배설물이 빠져나가는 변기는 뚜껑을 덮어 나쁜 기운을 막아야 한다.

집 안에 자연 채광이 들면 마음에 안정을 느낄 수 있고 공간에 생명력이 감돌아 집이 살아 숨 쉬게 된다. 음습한 지하나 통풍이 잘되지 않는 집에 오래 살면 호흡기 질환은 물론 우울증과 무기력증과 같은 정신 질환에 시달릴 가능성도 높아진다.

대다수의 사람들은 고층 아파트를 선호하지만 부자들은 저층 아파트나 단독 주택을 선호한다. 땅이 주는 기운, 즉 지자기(地磁氣)를 받기 위해서다. 고층 아파트는 유지 및 관리를 위해 밀폐식으로 지어지는데 그런 경우 냉난방에 이용된 공기와 실내 오염 물질이 순환하지 못하고 내부에 머물게 되어 두통이나 피부염과 같은 질환을 유발시키기도 한다.

조상들은 집을 지을 때 '온전한 터에 짓고 살아야 재물이 모이고 훌륭한 인재가 태어난다'고 믿었다. 즉 집터의 지기(地氣)가 손상되어서는 안 된다는 의미다. 지기는 흙을 따라 흐르고 흙에 머문다. 흙은 만물을 탄생시키는 생기이므로, 집 안에 화분을 두어 흙을 많이 배치하는 것이 지기를 회복하는 최고의 비법이다.

좋은 집이란 구입하는 것이 아니라
만들어지는 것이다.

—조이스 메이나드
(Joyce Maynard, 미국의 작가)

CASE 04

능률과 창의성을 높이는 부자들의 업무 공간 활용법

일을 하기에 앞서 건강한 시간을 보낼 수 있는 '업무 환경'을 조성해야 한다. 일하는 공간을 어떻게 가꾸고 활용하는지에 따라 생산성과 창의성을 높이기도 하고 반대로 효율을 떨어뜨리기도 하기 때문이다.

철근 콘크리트로 지어진 현대식 건물에서 '기둥'은 지자기가 매우 교란된 장소로, 기둥 주변에 책상이나 의자를 배치하면 육체와 정신 건강에 백해무익하다. 벽을 등지고 앉을 때는 최소한 0.5~1미터 가량 떨어져야 지자기의 교란에서 벗어날 수 있다.

회의의 가장 큰 적은 '침묵'이다. 활발한 대화가 이루어지기 위해서는 자신의 의견을 서슴없이 밝히는 솔직함이 필요한데, 딱딱하게 배치된 회의실에서는 소통이 어렵다. 세계적인 기업 구글(Google)은 창의적이고 다채로운 회의실을 만들어 구성원들이 자유롭게 사고하고 자신의 의견을 피력할 수 있도록 유도했다.

좋은 기운이 흐르는 곳에 방문하고 머무르는 것만으로도 그곳의 기운을 내 것으로 만들 수 있다. 그래서 성공한 부자들은 '호텔 라운지'를 찾아 업무를 하고 인간관계를 형성한다. 본래 사람은 환경에 영향을 받는다. 더 크게 성장하고 싶다면 스스로 생활 환경을 바꾸어야 하고 자신이 지향하는 수준의 사람들 속에 파묻혀야 한다. 그런 장소에 있는 것만으로도 '언젠가는 나도 저렇게 성공할 수 있다'는 긍정적인 기분이 들고, 실제 행동에도 변화가 생기게 마련이다.

일에서 높은 성과를 거두고 능력을 인정받는 사람들은 대체로 상담이나 미팅, 독서, 집필 등 일의 목적에 맞게 장소를 구분하여 이용한다. 창의력이 필요할 때, 깊이 집중해야 할 때, 누군가와 친밀한 관계를 맺고 싶을 때 등 각각의 목적에 따라 자신에게 잘 맞는 장소를 찾고 그곳을 적극 활용한다.

CASE
05

더 건강하고 쾌적한 공간을 만들기 위한 팁

전자제품은 콘센트만 꽂아두어도 상당량의 전자파를 내뿜는다. 이때 접지형 콘센트를 사용하면 전자파 발생량을 현격히 낮출 수 있다. 접지형 콘센트는 플러그에 금속 막대가 끼워져 있다.

삭막한 콘크리트 아파트에서 관엽식물을 키우면 가족의 마음을 진정시키는 '원예 치료 효과'를 누릴 수 있다. 또 잎이 넓은 식물을 구석진 귀퉁이나 예리한 모서리에 배치하면 흉기를 중화시키고 창의력도 높일 수 있다. 녹색이 주는 편안함은 생각을 유연하게 만든다.

특정 공간에 자석 나침반을 놓았을 때 바늘이 정확하게 북쪽을 가리키지 않고 크게 돌거나 움직임이 심하면 지자기가 교란되었다고 볼 수 있다. 지자기가 교란되면 사는 사람의 몸과 정신 상태에 좋지 않은 영향을 미치므로 특별히 관리가 필요하다.

집중력과 능률을 최대한으로 끌어올리기 위해서는 온도와 습도를 적정하게 관리해 쾌적한 환경을 조성해야 한다. 어느 계절이든 사무실과 공부방의 온도는 24~26도, 습도는 40~60퍼센트로 유지하는 편이 좋다.

| 차례 |

제2장

공간을 제대로 활용하면 운명이 바뀐다

제3장

집을 통해 꿈을 이루는 부자들의 마음가짐

제4장

부자들이 실천하는 17가지 주거 습관

제5장

지금 바로 시작하는 생활 속 공간 활용법

제6장

공간이 주는 혜택으로 성공에 가까워져라

왜 **성공한 부자**들은 **집 안 공간**에 신경 쓰는가?

'남보다 더 많이 노력하는데 도통 실적이 오르지 않는다.'

'몸이 무겁고 나도 모르게 자꾸만 실수를 반복한다.'

'크게 돈을 쓰는 일도 없는데 통장 잔고가 비어간다.'

'내 능력이 부족한 건 아닐까…….'

이처럼 세상에는 성실하게 노력하며 일하는데 그만큼 대가를 얻지 못하거나, 들어온 운(運)을 꽉 움켜쥐지 못하고 물 새듯 흘러나간다고 느끼는 사람이 많이 있다. 나는 건축사로서 그런 사람들에게 이렇게 말해주고 싶다.

“일이 잘 풀리지 않는 것은 당신 탓이 아닙니다.”

조금 더 명확하게 설명하면 ‘매사가 잘 풀리지 않고 좋은 기운이 빠져나가는 것은 당신의 노력과 전혀 관계없이, 의도하지 않은 곳에 원인이 숨어 있을 가능성이 높다’는 말이다. 당신이 본래 지닌 능력과 잠재력을 충분히 발휘하지 못하거나, 인생이 초라하고 서글프다고 느끼는 까닭은 실력이 없어서도 아니고 노력이 부족해서도 아니다. 바로 집이나 사무실과 같이 당신을 둘러싸고 있는 환경, 즉 주거 환경이나 사무실 환경에 전혀 신경을 쓰지 않았거나 자신에게 알맞게 활용하지 못했기 때문이다.

나는 1급 건축사로서 4000명이 넘는 부자들의 집과 사무실을 설계하고 지었으며, 직접 운영하고 있는 〈집 짓기 세미나〉에서 집에 대한 고민을 안고 있는 평범한 사람들을 만나 해결책을 제시해주고 있다. 특히 연 매출 수천억 원대 CEO의 자택, 젊은 시절 개원한 작은 병원을 대형 병원으로 키워낸 의사의 서재, 전국 실적 1위에 빛나는 보험왕의 사무실, 베스트셀러 작가의 작업실과 별채 등 성공한 부자들의 사적인 공간을 설계하고 지으면서 ‘공간과 작업 능률의 상관관계’에 대해 알게 되었다. 같은 일을 하더라도 실적이 좋은 사람, 운이 계속 따르는 사람, 인간관계가 원만한 사람, 부부간에 금슬이 좋은 사람이 있는가 하면, 반대로 도통 성과가 나지 않는 사람, 뒤로 넘어져도 코가 깨지는 사람, 주변과 마찰을 일으키는 사람이 있게 마련이다. 나는 자신의 목표나 바람을 이루며 사는 사람들과 인생이 잘 풀리지 않는 사람들 사이에는 결정적 차이가 있음을 깨달았다.

성공한 부자들, 즉 행복하게 인생을 경영하는 사람들일수록 집(방)이나 사무실과 같은 주변 환경을 정돈하고 가꾸는 일에 철저히 신경을 쓰고 있다는 점이었다. 그리고 그들은 자신이 만든 환경이 뒤에서 좋은 바람을 불어주어 성공을 돕고 뒷받침한다고 굳게 믿었다. 반대로 뭘 해도 안 풀린다고 느끼는 사람들은 공간이 지닌 힘을 제대로 알지 못하기 때문에 '환경의 덫'에 걸려 능률과 운을 끌어올리지 못하고 무작정 노력만 퍼부으며 실패를 반복하고 있었다.

집은 단순히 먹고 자는 공간이 아니다. 사람이 짓고 만드는 집과 방은 그곳에 있는 사람에게 영향을 미쳐 운명을 결정한다. 다시 말해 집과 사람은 상호 작용을 한다. 집에는 분명 사람을 성공하게 만드는 힘이 깃들어 있고, 반대로 뭘 해도 안 되게 만드는 에너지도 숨어 있다. 그래서 집은 우리의 인생에 있어 아주 중요한 요소다.

일을 하기에 앞서 환경을 점검하라

성공한 부자들은 무언가를 도모하기에 앞서 반드시 일의 능률을 끌어올릴 수 있는 환경을 만든다. 그래서일까? 우연히 한두 번 실적을 올려 반짝 성공을 거두는 게 아니라, 꾸준히 성과를 내며 승승장구한다. 더구나 일을 주체적으로 하며 즐기기까지 한다. 누구보다도 바쁜 일상을 보내지만 일벌레가 되지 않기 위해 취미 공간을 마련하고, 집에서 가족과 충분히 대화를 나누며 응원을 주고받는다. 덕분에 한층 더 일에 의욕을 느끼고, 행복감과 만족감도 높다.

부자들을 곁에서 지켜본 결과, 그들은 결코 선천적인 재능이나 막연한 운이 따라주어서 성공 가도를 달린 게 아니었다. 그들 역시 일이나 인간관계에서 고난을 겪기도 하고 좌절을 맛보기도 했다. 하지만 부자들은 일반적인 사람들과 달리, 언제나 주변 환경을 정돈함으로써 인생을 성공 궤도에 올려놓고 있었다. 그리고 공간이 자신의 꿈을 이루어주는 결정적인 바탕이 된다는 사실을 뼈저리게 실감하고 있었다.

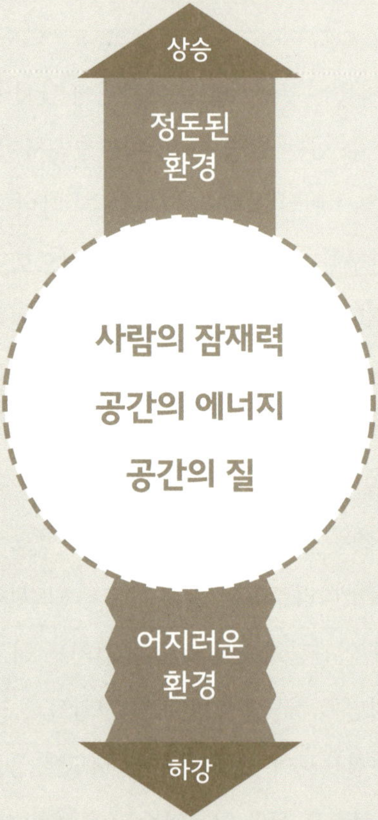

정돈된 공간은 사람의 잠재력을 끌어올리고,
어지러운 공간은 사람의 잠재력을 발휘하기 어렵게 만든다.

집 안을 바꾸면 **인생**이 바뀐다

많은 사람이 일에서 성과를 거두고 돈을 많이 벌기 위해서는 '나를 바꿔야 해' 혹은 '더 많이 노력해야 해'라고 생각한다. 물론 노력 없이는 그 무엇도 이루어낼 수 없다. 하지만 환경이 지닌 엄청난 영향력을 알지 못하면 자신도 모르게 '환경의 덫'에 빠져 원하는 방향으로 나아갈 수 없다. 반대로 주변 공간을 밝고 활기차게 관리하면 공간이 나를 뒤에서 도와주기 때문에 원활하고 자연스럽게 능력을 발휘할 수 있다. 일을 잘하는 사람이나 꾸준히 성과를 내는 사람, 지속적으로 돈을 벌어들이는 사람들에게는 그 나름대로의 '공간 활용 비법'이 있다는 사실을 이 책을 통해 깊이 공감하길 바란다.

많은 사람이 실수를 하고 나면 '왜 내가 이런 짓을 저질렀을까……' 하며 자책한다. 하지만 일이 잘 풀리지 않는 원인 중에는 환경에서 비롯된 측면도 있다는 사실을 알아야 한다. 흥미롭게도 환경이 정돈되면 실수도 줄어들고 일에 능률도 부쩍 오른다. 공간을 가꾸면 우리의 영혼이 바뀌고, 달라진 영혼은 몸과 운명을 바꾼다. 평소에는 건강하던 몸이 어떤 집으로 이사를 가

자마자 원인도 없이 아픈 경우도 바로 이 때문이다.

나는 이 책에서 인생이 잘 풀리는 사람과 그렇지 않은 사람의 차이는 능력이 아니라 환경, 즉 시간을 보내는 장소와 그 공간을 활용하는 방법임을 수십 년간 쌓아온 건축 경험을 토대로 밝혔다. '능력이 부족해 성과가 나지 않고 내가 못나서 인간관계가 원활하지 않다'고 스스로를 자책하기 전에, 환경을 먼저 내 편으로 만들고 효과적인 공간 활용법을 터득해보길 바란다. 그러면 노력하지 않아도 원하는 대로 일이 술술 풀리는 마법을 경험하게 될 것이다.

가와모토 건축사무소 대표이사

야노 케이조

제1장

좋은 기운을 주는 집은 따로 있다

•
•
•

사람과 공간은 서로 기(氣)를 주고받는다. 집이나 사무실과 같이 자신이 오래 머무르는 공간의 기가 불안하거나 좋지 않으면 뒤로 넘어져도 코가 깨지고 좀처럼 실적도 잘 오르지 않는다. 반면 자신의 성향과 잘 맞는 공간을 찾고 그 공간에 흐르는 좋은 기운을 제대로 활용하면 일도 잘 풀리고 나아가 운명까지 송두리째 바꿀 수 있다. 그렇다면 에너지와 기운을 빼앗는 공간은 어떻게 알아차릴 수 있을까?

나도 모르게 **기운**을 빼앗기고 있다

본래 집이란 자신이 가진 기량을 길러주고 하루 동안 소모한 에너지를 충전해주는 곳이다. 그런데 집을 제대로 사용하지 않거나 잘못 꾸미면 아무리 노력해도 일에서 성과를 내기 어렵고, 열심히 일할수록 오히려 잘 풀리지 않는 '환경의 덫'에 빠져 악순환이 거듭된다. 자신도 모르는 사이에 집이라는 공간에 체력과 좋은 기운을 빼앗기고, 에너지가 자꾸만 아래로 치닫기 때문이다.

생각대로 일이 잘 풀리지 않는 사람이나 돈이 자꾸 새어나가는 집안은 대개 집을 어떻게 사용해야 하는지 잘 모르기 때문에 환경에 발목이 잡혀 있는 경우가 많다. 결코 재능이 없거나 노력이 부족해서가 아니다. 너저분하게 어질러져 발 디딜 틈조차 없는 현관, 자신의 라이프스타일과 건강에 맞지 않는 초고층 아파트, 채광이 전혀 안 되는 음습한 침실, 좋은 기운을 새어나가게 하는 인테리어는 우리의 에너지를 강하게 저하시킨다. 이렇게 에너지를 밑으로 잡아당기는 힘은 우리가 생각하는 것보다 훨씬 더 강해서 아무리 잠재력이 큰 사람이라도 집에 힘을 빼앗기면 실력과 운을 발휘하기가 어렵다. 이것이 바로 내가 말하는 환경의 덫이다.

승진을 꿈꾸거나 부자가 되려고 안간힘을 쓰는 사람들을 보면 환경이 지닌 힘을 제대로 이해하지 못하고 무턱대고 노력만 해서 자신을 바꾸려고 한다. 그러나 환경을 간과한 채 자신만 바꾸려 애쓰는 것은 강한 바람이 부는 반대 방향으로 억지로 전진하려는 것과 같다. 옷깃을 세우고 어깨에 힘을 꽉 주고 기를 쓰며 걷는 모양새다. 그런 상태로는 목적지까지 가는 데 엄청난 시간이 걸리고, 대부분 도착하기 전에 지쳐 쓰러지고 만다. 하지만 환경을 먼저 정돈하면 태양이 포근하게 나를 비춰주는 가운데 기분 좋고 순탄하게 인생길을 만들어나갈 수 있다.

일이나 학업에 있어 능력을 지속적으로 발휘하는 사람들은 항상 의식적으로 자신의 주변 환경을 정돈한다. 내가 가장 마음 편한 상태를 만들기 위해 집 안 배치를 설계하고, 가족이 모두 행복하게 꿈을 이루어나갈 수 있는 공간을 마련한다. 외부 환경이 나에게 미치는 영향이 얼마나 큰지를 잘 알고 그것을 제대로 활용하면 인생이 바뀐다고 굳게 믿기 때문이다. 즉 집을 사용하는 방법과 관점을 바꾸고 에너지를 확실하게 충전하면 누구나 능력과 잠재력을 충분히 발휘하여 성공을 거두고 부를 거머쥘 수 있다.

또 환경이라는 그릇이 변하면 그 안에 담긴 나 자신도 저절로 변하게 마련이다. 무턱대고 노력만 퍼붓기보다는 환경이 나를 돕도록 정돈하고 관리하는 게 훨씬 더 기분 좋고 자연스러운 자기계발이 아닐까?

능력을 탓하기 전에 **공간**부터 바꿔라

똑같은 날에 태어나 똑같은 경험을 쌓아왔는데도 성공을 거두어 부자가 된 사람과 그렇지 못한 사람은 반드시 존재한다. '지금 하는 일을 성실하게 계속해야만 하는 걸까?', '나의 노력이 부족했던 걸까?'라는 생각에 불안한 마음으로 책을 읽거나 세미나에 참석해 이런저런 교육을 받아보지만, 일이 한번 안 풀리기 시작하면 원인도 모를 어두운 기운에 휩싸여 계속 꼬이고 엉키게 마련이다. 나는 20여 년간 여러 사람의 집을 설계하고 지어주는 건축사로 일하면서 이런 고민에 고통스러워 하는 사람들을 수없이 보았다. 그리고 그들의 집과 사무실 공간을 개선시켜줌으로써 일이 잘 풀리고 공부가 잘되고 힘들었던 집안이 일어나는 기적을 목격했다.

대체로 우리는 사는 공간에 대해 꽤 무관심하다. 물론 깨끗하게 쓸고 닦거나 물건을 정리하기는 한다. 하지만 조금 더 치밀하게 신경 쓸 필요가 있다. 공간과 사람 사이에는 서로 기를 주고받는 일종의 순환 구조가 형성되어 있어서 건강이나 운, 인간관계와 심리 상태에 지대한 영향을 미치기 때문이다. 건축 사무소를 찾아와 설계를 의뢰한 사람 중에는 "방을 꾸미고 정돈하는 일은 그저 기분을 전환시키기 위한 것일 뿐 운명이나 능률과는 전혀 상관없지 않나요?"라고 말하는 사람도 있었다. 하지만 우리의 몸과 영혼은 사는 곳에 따라 민감하게 반응한다. 그리고 영혼이 바뀌면 곧 운명도 바뀌는 법이다. 주어진 운명에 만족하지 않고 더 나은 방향으로 개선시키기 위해서는 무엇보다 먼저 당신의 방부터 점검해야 한다.

실제로 방이나 사무실과 같은 공간은 우리의 인생에 어떤 영향을 미칠까? 이번 장에서는 구체적인 몇 가지 예를 통해 집이 지닌 강력한 힘을 소개하고자 한다. 먼저 무심코 집을 바꿨다가 우울증에 걸린 한 남자의 이야기를 소개한다.

환경의 덫 01

채광이 사람의 건강을 좌우한다

이제 막 30세가 된 남성 의뢰인은 중견 광고회사에 다니는 평범한 직장인이었다. 광고업계 특성상 매일 야근을 밥 먹듯이 했고, 퇴근이 늦기 때문에 회사와 가까운 곳에 집을 구했다고 한다. 마침 주변 시세보다 20만 원 정도 저렴하게 나온 반지하 월세방이 있었고 '어차피 돌아가서 잠만 잘 텐데……' 하는 마음으로 곧장 이사를 했다.

그런데 이상하게도 한 달 두 달 지나면서 점점 몸 상태가 나빠졌다. 아침에 눈을 떠도 개운하지가 않고, 일어나도 계속 머리가 멍했다. 주말에 잠을 푹 자도 좀처럼 피로가 가시지 않았고 눈과 피부는 벌겋게 달아올랐다. 이런 상황이 거듭되자 일에도 악영향을 미쳤다. 집중력이 떨어져 실수가 잦아졌고 좀처럼 실적도 올리지 못했다. '어떻게든 업무에 지장을 주어서는 안 돼!'라고 생각하며 정신력으로 버텨보아도 몸 상태는 회복될 기미가 없었다. 피로와 스트레스는 걷잡을 수 없이 쌓였고 기력도 점차

쇠약해졌다.

그는 이사한 지 1년쯤 지났을 무렵부터 병원에 다니며 우울증 약까지 처방받아 먹었다. 약을 먹으며 자신을 엄격하게 채찍질했는데 어떤 일을 계기로 갑자기 기운을 차리고 약까지 끊었다고 했다. 바로 그 집에서 '탈출'한 것이었다.

사실 공간의 생명력은 조명과 채광에 달려 있다고 해도 과언이 아니다. 물론 집 안이 전부 밝을 필요는 없다. 하지만 잠을 자는 침실이나 가족이 모두 모이는 거실의 빛은 특히 중요하다. 사람은 아침에 일어났을 때 태양에서 비롯된 자연광을 쬠으로써 체내 시계를 초기화하고 호르몬과 바이오리듬을 조정하기 때문이다. 아침에 눈을 떴을 때 몸에 내리쬐는 빛이 그날 하루의 몸 상태와 기분을 좌우하기도 한다. 한번 상상해보라. 아침인데도 빛이 거의 들어오지 않는 어두운 방에서 눈을 뜨고 출근 준비를 한다면 기분이 어떨까? 그래서 나는 빛이 잘 들지 않는 입지에 집을 지어달라는 고객의 부탁을 들으면 머리를 쥐어짜내서라도 외부의 밝기를 끌어들일 수 있도록 설계한다.

나의 조언에 따라 집을 옮긴 그는 "이사만 했을 뿐인데 이 정도로 몸 상태가 바뀔 줄은 몰랐습니다"라고 말하며 놀라워했다. 결과적으로 매달 나가는 집세는 늘었지만 병원비와 난방비가 줄었고, 무엇보다도 일에 능률이 올라 훨씬 더 이득이라고 했다. 이 남성 의뢰인과 같이 집이 반지하이거나 침실의 창문이 너무 작아 채광이 좋지 않은 데다 몸에 이상 증세까지 느낀다면, 빛이 드는 집으로 이사를 하거나 바깥 공기가 잘 통하도록 창문을 크게 내보길 권한다. 집 안에 빛이 들고 통풍이 잘되어 신선한 공기가 돌면 두뇌 회전이 빨라짐은 물론 유쾌한 기분까지 들어 소화도 잘 되고 심신의 건강까지 지킬 수 있으니 말이다.

환경의 덫 02

높이 올라갈수록 **땅의 기운**에서 멀어진다

전국적으로 급증하고 있는 초고층 아파트는 '품격 있는 집', '야경이 내려다보이는 집'이라는 이유로 많은 사람에게 인기를 끌고 있다. 그런데 내가 아는 한 부부는 초고층 아파트에 살기 시작하면서부터 불면증에 시달렸고, 점점 건강이 나빠져 결국 어렵게 산 집을 2년 만에 매각해버렸다.

이 30대 부부는 결혼을 계획했을 무렵부터 '밤마다 아름다운 야경이 보이는 초고층 아파트에서 여유롭게 휴식을 취하고 싶다'는 꿈을 품었다. 워낙 부부가 바쁘게 일하다 보니 저녁 시간만큼은 근사하게 휴식을 취하고 싶은 마음에서였다. 그리고 마침내 강과 대교가 내려다보이는 곳에 집을 얻어 이사를 했다. 그때만 해도 꿈에 그리던 멋진 집에서 새로운 에너지를 얻고 성공을 거둘 수 있을 것만 같았다.

그런데 얼마 지나지 않아 하나둘 문제가 발생했다. 아파트는 높은 층일수록 공사나 지진으로 인한 땅의 작은 진동에 취약해 매일 뱃멀미를 하는 것 같은 메스꺼움에 시달렸다. 또 바람이 세게 부는 날이면 아파트가 흔들리는 기분을 느꼈고, 창문을 통해 들어오는 매서운 바람으로 인해 감기에 걸리기 일쑤였다. 야경을 즐기기는커녕 밤에 잠도 제대로 못 자는 날이 반복되자 일에서도 능률과 의욕이 떨어졌다.

실제로 내로라하는 기업인과 유명인의 저택을 보면 도심 스카이라인을 형성하는 초고층 아파트는 거의 없다. 넓은 정원이 딸린 단독 주택이 대부분이고, 아파트로 이사를 갈 때에도 낮은 층을 선호하는 경향이 있다. 또 집 안에 생흙와 생화를 많이 두어 활력 넘치는 분위기를 조성한다. 이는 땅의 기운, 즉 지자기(地磁氣)를 받고 싶은 마음에서다. 실제로 프랑스에서 실시한 어느 조사를 보면, 낮은 구형 아파트에 사는 사람들에 비해 현대식 고층 아파트에 사는 사람들이 더 자주 병원에 다닌다는 통계가 있다. 그밖에도 우리보다 앞서 고층 아파트 생활을 시작한 유럽에서는 고층에 거주하는 사람들에게서 나타나는 우울증, 통풍과 환기가 잘 안 되어 발생하는 호흡기 질환 및 아동의 발달적 문제에 대해 여러 연구가 활발히 진행되고 있다.

부자들이 초고층 아파트를 꺼리는 이유는 또 있다. 엘리베이터를 기다리는 시간이 아깝다는 점 때문이다. 출근 시간이 되면 사람이 몰려서 엘리베이터를 빠르게 잡아 타기가 어렵고, 고층일수록 1층에 도착할 때까지 정지하는 횟수도 늘어나 시간이 더 오래 걸린다. 잠도 제대로 못 자 예민한 상태에서 출근 전부터 짜증이 나면 그날 하루가 꼬이게 마련이다. 더불어 고층 아파트는 저층 아파트에 비해 관리비 부담이 높은 편이다. 늘어난 높이와 폐쇄적인 내부 공간의 단점을 극복하기 위해 좀 더 복잡하고 많은 설비 시스템을 가동하기 때문이다. 1원이라도 허투루 쓰지 않는 부자들에게 과도한 관리비는 불필요한 낭비로 여겨질 수밖에 없다.

결국 이 부부는 초고층 아파트에서의 삶을 포기하고 다시 저층 아파트로 이사를 갔다. 자신들이 원하던 야경은 확실히 얻었지만 정작 라이프스타일에 필요했던 편안함과 건강은 초고층 아파트에서 얻을 수 없었기 때문이다.

환경의 덫 03

마음이 불안하면 **집도 불안**해진다

〈집 짓기 세미나〉에서 만난 40대 프리랜서 디자이너가 있었다. 그는 주로 집에서 일하기 때문에 도시에서 한 시간 반쯤 떨어진 전원에 단독 주택을 빌려 온 가족이 이사를 갔다고 했다. 주변에는 녹음이 우거져 공기가 쾌적했고, 넓은 마당이 있어 초등학생 아이들이 뛰어놀기에도 안성맞춤이었다. 밤낮없이 일에 파묻혀 바쁘게 지냈던 자신도 가족과 함께 시간을 보낼 수 있겠다 싶어 무척 만족했다. 무엇보다도 복잡하고 어수선한 도시 환경에서 벗어나 자연을 가까이하면 발상도 풍부해지고 디자인 영감도 더 잘 떠오르리라 기대했다. 그런 생각에 서둘러 이사를 감행했다고 한다.

그런데 마음먹고 출발한 새로운 장소에서의 생활은 생각만큼 잘 풀리지 않았다. 도시에서만 자란 아이들은 시골 학교에 적응하지 못했고, 시장이나 병원에 가기 어려운 탓에 아내의 스트레스도 점점 쌓여만 갔다. 자연스럽게 가족 간의 관계가 삐걱거리기 시작했고, 서로 마주치면 짜증을 내기 일쑤였다. 그런데 더 큰 문제가 도사리고 있었다. 도시에서 멀어지니 들어오던 일감이 줄어들어 생활 형편이 어려워진 것이었다. 특별히 큰 실수를 한 적도 없고 디자인 스타일이 달라지지도 않았는데 이상하게 거래하던 곳과 관계가 끊기고 새로운 일을 구하기도 쉽지 않았다. 곤란해진 그는 '어떻게든 이 흐름을 끊어내야 한다'는 마음으로 건축과 풍수를 배우기 시작했고, 나를 찾아와 상담을 받았다. 나는 그에게 맨 처음 이렇게 물어보았다.

"그곳으로 이사를 간 특별한 계기가 있나요?"

"어릴 적부터 나무가 많고 공기가 맑은 자연 속에서 살고 싶다는 꿈이 있었습니다."

나는 더 자세한 이유가 듣고 싶어 다시 질문했다.

"그럼 왜 하필 지금 이 시점에 이사를 했나요? 아이들이 조금 더 자란 후에 옮겨도 괜찮았을 텐데요."

가만히 생각하던 그는 마음속 깊이 숨겨두었던 진짜 속내를 털어놓았다.

"실은 점점 큰일을 맡으면서 부담감이 생겼습니다. 거기에서 벗어나고 싶은 마음이 컸던 것 같습니다."

그는 마음속 어딘가에 감춰두었던 부담감을 마주하지 않기 위해 도망치듯 전원으로 이사를 갔던 것이다. 이것이 바로 그가 이사를 한 진짜 동기였다.

이 남성 의뢰인처럼 표면적으로는 인생의 반전을 꾀하기 위해 집을 옮겼는데 왠지 일이 잘 풀리지 않을 때에는 내 마음속에 부정적인 생각이나 다른 동기가 숨어 있는 건 아닌지 잘 생각해볼 필요가 있다. 집은 그곳에 사는 사람의 성공을 돕기도 하지만, 잘못 사용하면 오히려 실패하게 만드는 힘도 내포하고 있다. 집을 옮긴 이유가 마음에 지닌 두려움을 회피하기 위해서라면 분명 집은 제 기능을 하지 못하고 부정적인 에너지를 마구 발산할 것이다. 즉 집은 사는 사람의 마음 상태를 고스란히 반영해 그대로 인생이 흘러가게 한다. 그러니 이사를 하기 전에는 반드시 자신의 라이프스타일을 점검해보고, 그 집에 살면서 얻게 될 미래상을 구체적으로 그려봐야 집으로부터 좋은 에너지를 받을 수 있다. 또 새로운 집에서 가족 구성원이 어떤 꿈을 이루어갈지, 모두가 공간에 만족하는지를 세심하게 따져보는 작업도 선행되어야 한다.

환경의 덫 04

다투는 회의실에는 그만한 이유가 있다

사무실 인테리어를 손봐달라는 의뢰를 받고 어느 대기업을 방문한 적이 있다. 그곳에서 나는 직원들로부터 무척 흥미로운 이야기를 들었다.

"이상하게도 이 회의실만 들어가면 무조건 싸움이 납니다. 별것 아닌 일로 감정이 격해져 회의가 잘 진행되지 않아요."

대단하지도 않은 일상적인 보고를 할 때조차도 이 회의실만 들어가면 어느새 서로를 비방하고 있다는 것이었다.

그런데 반대로 '이곳에서 미팅을 하면 언제나 온화한 분위기가 형성되어 일이 잘 풀린다'는 회의실도 있다. 이러한 현상은 영국의 생화학자 루퍼트 셸드레이크(Rupert Sheldrake) 박사가 제안한 '형태형성장(形態形成場) 이론'으로 설명이 가능하다. 셸드레이크 박사는 특정한 장소에서 그전에 없던 일이 한 번 발생하고 나면, 앞으로도 그곳에서 같은 일이 계속 발생할 수 있다고 주장한다. 그는 특정한 역사적인 사건이 주기적으로 같은 장소에서 반복되어 발생하는 사례를 들어 자신의 이론을 뒷받침한다. 더불어 생물 개체 내에는 본래 저장된 정보뿐만 아니라 그들을 보이지 않게 서로 연결해주는 '형태 공명'이 이루어져 있어서 멀리 떨어져 있어도 하나의 유기체인 양 비슷한 행동을 하게 된다고도 말한다. 예를 들어 영국의 텃새인 푸른박새가 우유병의 뚜껑을 부리로 쪼아 우유를 먹는 방법을 알게 되자, 이것이 금세 다른 나라의 박새들에게 전파되어 전 유럽에서 박새들이 우유병을 쪼게 되었다는 일화가 있다. 박새의 활동 범위는 15킬로미터를 넘지 않는데, 어떻게 유럽의 모든 박새가 같은 행동을 하게 되었을까? 셸드레이크 박사에 따르면, 우유병을 쪼는 박새의 개체수가 어느 한계를 넘어서면 형태 공명에 의해 공간적으로 멀리 떨어져 있는 개체에게까지 정보가 쉽게 전달된다고 한다.

이러한 사례는 우리 주변에도 무수히 많다. 분명 유동인구도 많고 거리 한복판에 있는 자리인데 왠지 '저곳에 들어오는 가게는 항상 망해서 나간다'는 장소가 있지 않은가? 형태형성장 이론을 적용하면 '그 장소에 여는 가게에는 손님이 오지 않는다', '가게를 내도 계속 문을 닫는다'는 기억이 사람들의 머릿속에 축적되어 영향을 받는다고 설명할 수 있다. 일본에서는 실제로 오래전부터 이러한 심리를 반영한 풍습이 전해오고 있다. 새

로 지어진 극장에서 처음 열리는 공연을 일컬어 '고케라오토시[柿落し]'라고 하는데, 이때는 반드시 유명 인사들을 초대해 성대하게 파티를 연다. 첫 공연에 거물급 인사들을 초대함으로써 '유명한 사람이 다니는 곳'이라는 기억을 남기고, 앞으로도 큼직한 행사를 잇달아 유치하게 된다고 믿기 때문이다.

싸움이 자주 일어나는 회의실도 마찬가지다. 그곳에만 들어가면 기분이 안 좋다는 기억이 축적되어 별것 아닌 일에도 민감하게 반응하게 된다. 만약 그런 공간이 있다면 새로 이름을 붙여주어 기억을 환기시키거나, 잡다하게 늘어져 있는 가구나 소품, 서류 등을 정리해 좋은 기운이 흐르도록 공간을 터주어야 한다.

제2장

공간을 제대로 활용하면 운명이 바뀐다

•
•
•

사람은 누구나 문제를 안고 살아간다. 이럴 때 시선을 달리하여 먹고 자고 생활하는 공간이나 일하는 공간에 대해 관심을 가져볼 필요가 있다. 공간에 의해 에너지가 생기고, 그 영향으로 새로운 길이 열리기 때문이다. 나는 환경의 덫에 걸린 사람들 이상으로 집을 잘 활용해 인생의 고난을 극복하고 상승 기류를 탄 사람도 많이 보았다. 이번 장에서는 가족의 생활 패턴과 집 공간의 문제점을 파악해 삶의 질과 가치를 높이고 성공을 거둔 사람들을 만나보자.

집은 인생을 담는 그릇이다

내가 대표를 맡고 있는 〈집 짓기 세미나〉에 참가했던 40대 가장의 이야기로 이번 장을 시작해보려고 한다. 그는 20대 중반에 결혼해 자신의 예산이 허용하는 범위에서 총면적 83제곱미터(약 26평)짜리 집을 구입해 가족과 살고 있었다. 사실 20대에 자가(自家)를 소유한 사람은 많지 않다. 그는 큰마음을 먹고 구입한 집이니만큼 정성을 들여 손보고 소중히 가꿔나갔다.

그런데 30대 후반이 되자 왠지 일이 자꾸만 꼬이고 뒤섞인다는 느낌을 받았다. 조금만 더 실적을 내면 승진할 수 있을 것 같은데 무엇을 개선해야 할지 몰라 혼란스럽고 답답했다. 눈앞에 보이지 않는 커다란 벽이 자신을 막고 있다는 기분에 한계를 넘어서지 못했고 자꾸만 제자리를 맴돌았다. 그런 괴로운 마음으로 수개월을 보냈다.

이 시기 부부의 자녀 두 명은 각각 초등학교 6학년과 중학생으로 성장했다. 그는 아이들이 자라자 비좁아진 집을 떠나 넓은 아파트로 이사하길 결심했다. 자연에 둘러싸인 교외 주택을 떠나 출퇴근과 등교가 편한 도심부에 집을 구했다. 그 순간 당시에는 이유도 모른 채 계속 고꾸라졌던 마음이 눈 녹듯 풀리면서 '지금 할 수 있는 일에 집중하자'는 홀가분한 기분을 느꼈다고 고백했다.

마음을 꽉 막고 있던 고민이 해결되자 일에서도 변화가 나타났다. 편안하면서도 의욕적인 그의 모습은 동료 직원들에게까지 강한 인상을 남겼고, 이사한 지 1년 만에 지점장으로 승진했다. 이사했을 당시에 그는 "이제야 조금 숨통이 트이고 눈앞이 밝아진 기분이었습니다"라고 말했다. 다만 왜 그렇게 변화했는지에 대해서는 잘 알지 못했는데, 〈집 짓기 세미나〉에 참가하면서 주변 공간이 사람의 인생에 얼마나 큰 영향을 미치는지 절실히 깨달았고, 왜 갑자기 일에 속도가 붙고 잘 풀리기 시작했는지 이해가 되었다고 말했다.

사실 그들이 20대에 구입한 집은 신혼부부에게는 적합했을

지 몰라도 4인 가족을 담기에는 너무 작은 그릇이었다. 이는 곧 작은 화분에 커다란 나무를 심으려고 하는 것과 같은 이치다. 작은 나무가 자라면 큰 화분에 옮겨 심어 영양분을 충분히 공급받게 하듯이, 그 역시 집이라는 화분을 더 크게 키웠더니 본래 지니고 있던 잠재력과 능력을 개화시킬 수 있었다. 그는 "정말 적절한 타이밍에 집을 옮겼습니다. 집이라는 그릇을 키우니 제 능력도 더욱 잘 발휘될 수 있었습니다"라며 공간의 중요성을 실감한 듯 말했다.

반면 오히려 좁은 집을 통해 성공을 거둔 사람도 있다. "젊을 때 고생은 사서라도 한다"라는 말이 있다. 20대에는 기력과 체력이 충분해 실패해도 다시 시작할 수 있으므로 경험을 두루 해보라는 의미다. 또 도전을 함으로써 자신의 가능성을 넓힐 수 있기 때문에 자진해서 고생을 해보라는 의미로도 해석된다. 내가 아는 한 경영자는 집을 통해 젊은 시절에 일부러 고생을 함으로써 실패를 두려워하지 않는 강인함을 익혔다고 말했다. 그리고 이러한 경험을 바탕으로 다양한 사업에 도전해 순식간에 큰 성공을 거두었다.

그는 대학 시절부터 사업가가 되겠다는 결심을 세웠다고 한다. 그러고는 사업가에게 필요한 자질 중 자신에게 부족한 부분이 무엇인지를 생각해보았다. 사업가라면 남이 시키는 일만 열심히 하기보다 주체적으로 새로운 일에 도전하는 용기가 필요하다. 하지만 자신은 신중하고 계획적인 반면, 실패를 두려워하는 성격이었고, 이대로 가다가는 정작 중요한 순간에 커다란 기회를 놓칠지도 모른다고 생각했다.

"저는 사업가가 되기에 도전 정신이 부족했습니다. 그래서 일부러 10제곱미터(약 3평)짜리 방에 공용 화장실을 사용하는 고시원에 들어가기로 했습니다."

실제로 집세가 비싸기로 악명 높은 도쿄[東京]에서 불과 수십만 원 정도에 방을 구할 수 있는 고시원에 살면 아르바이트만으로도 생계유지가 되고, 거기서 생활비까지 줄이면 저금도 가능하다. 그는 최저 생활 수준으로 살면서 자신의 한계를 체험했고, 인생에서 무슨 일이 벌어지든 극복할 수 있는 용기와 함께 다시 시작할 수 있는 가능성을 얻었다고 말했다.

많은 사람이 학창 시절에 부모님과 함께 살다가 취직할 무렵에 집을 나와 자신의 수입에 맞는 범위에서 집을 구해 독립을 한다. 하지만 그럴 경우 '월급을 받지 못하면 생활을 이어나갈 수 없다'는 한계에 얽매인다. 그리고 집에 들어가는 돈 때문에 좋든 싫든 직장을 그만두지 못하게 되면서 새로운 일에 도전할 기회를 잃고 만다. 그는 좁은 집에서 한계를 체험한 결과 자신의 그릇을 한 단계 더 크게 넓힐 수 있었고, 실패를 두려워하지 않는 용기를 익혀 비약적인 성장을 이루어냈다.

공부방이 아이의 기질을 결정한다

일반적인 사람들과 달리 부자들은 집을 짓기에 앞서 나에게 조금 특별한 주문을 하곤 한다. 공간 하나하나에 의미를 두어 어떤 꿈을 담고 목표를 이룰 것인지 명확하게 구상하기 때문이다. 실제로 일을 잘하고 인생이 잘 풀리는 부자들에게는 흥미로운 공통점이 하나 있는데, 바로 '아이들의 자립심을 키워주는 공간'에 신경을 쓴다는 것이다. 집 안에 아이들이 꿈을 향해 몰두하는 공간이 있으면 자연스럽게 가족 모두가 행복해지고 생기 있는 분위기가 조성된다. 더불어 아이들은 물심양면으로 뒷바라지해주는 부모에게 감사함을 느껴 집안의 일에 응원을 보내게 된다.

총 다섯 식구와 함께 사는 외식 사업체 경영자가 2층짜리 집을 설계해달라고 부탁한 적이 있었다. 그 집은 크게 1층은 거실과 안방, 2층은 공부방으로 구성되어 있었는데, 층 사이가 후키누케([吹き抜け] 층 사이에 천장이나 마루를 두지 않고 훤히 뚫어놓는 구조)로 연결되어 있어 아이들은 공부를 할 때 1층에 있는 사람의 기척을 느낄 수밖에 없었다.

아이들의 공부방을 만들 때 외부와 완전히 차단하여 아무런 소리도 들리지 않게 만들면 집중이 더 잘된다고 생각하는 사람이 많다. 하지만 의외로 아이들, 특히 초등학교 저학년까지는 식당이나 거실처럼 누군가가 지켜보는 곳에서 지낼 때 안심하고 새로운 일에 도전할 용기를 얻는다. 곁에 어른이 있으면 '나는 해낼 수 없어'라며 쉽게 포기하지 않게 되고, 자신감을 갖고 과제에 임하는 습관을 들일 수 있다. 더불어 주변에 사람이 있는 곳에서 공부하면 어른이 되어서도 어떤 환경에서든 집중할 수 있다. 아이가 만약 초등학교 고학년 이상인 경우에는 방을 따로 마련해주되 책상의 위치가 방문을 바라보게 배치하는 편이 좋다. 아이의 뒤통수가 방문을 향하고 있으면 부모 입장에서는 감시하기에 좋지만, 아이는 공부에 몰입할 수 없다. 누가 언제 들어올지도 모르는 불안한 상황에서 집중할 수 있는 사람이 얼마나 되겠는가? 문이 열리면 항상 누가 들어오는지 확인할 수 있도록 앉아야만 심리적으로 안정감을 느낄 수 있다.

앞서 소개한 가족은 집에 사람을 초대해 거실에서 대화를 나누는 일이 많았다. 세 자매인 아이들은 종종 2층에 있다가도 거실의 대화 소리에 귀를 기울이거나 잠시 쉴 겸 1층으로 내려와 부모의 손님들과 이야기를 나누곤 했다. 아이들은 일반적으로 자신의 미래를 부모의 세계 내로 한정해 생각하는 경향이 있다. 부모가 회사원이면 아이들도 일반 기업에 취직하고 부모가 장사를 하면 자식이 그 뒤를 잇는 경우가 많다. 어릴 적에 보고 느낀 대로 자라는 것이다. 그런데 이 자매는 집을 방문한 다양한 직업군의 사람들과 대화를 함으로써 학교나 또래 집단, 부모에게서 얻을 수 없는 정보를 접했고, 장차 미래에 무엇이 되고 싶은지를 폭넓은 관점으로 생각하게 되었다. 그 집의 자매 중 한 명은 대학에서 영양학을 공부해 박사 과정을 밟고 있고, 다른 한 명은 아버지를 닮아 창업을 한 후 경영자가 되려고 준비하고 있다. 아이들이 꿈을 그리고 자기 나름의 인생을 선택하면 부모는 그 꿈을 응원하고 지원할 수 있는 환경을 만들어주어야 한다.

아이가 꿈을 향해 힘차게 걸어나가면 부모에게도 큰 자극이 된다. '아이들의 꿈에 지지 않게끔 나도 열심히 살아야겠다'는 생각이 절로 들 것이다. 그러면 가족 모두가 자신의 일에 몰두하는 선순환이 일어난다.

식탁에서 가족의 대화가 꽃핀다

일에서는 승승장구하며 성공 가도를 달렸지만 유독 가족 간에 관계가 삐걱거려 고민이 깊다는 의뢰인이 있었다. 그는 자신이 열심히 일해 성공하고 돈을 많이 버는 것이 곧 가족의 행복이라 생각했다. 그래서 퇴근 후에도 집에 돌아와 가족과 시간을 보내기보다는 오직 일에만 몰두했다. 물론 속으로는 가족에게 미안한 마음도 있었지만, 그래도 다 잘 살자고 하는 일인데 이해해주지 않을까 하는 기대를 품고 있었다. 그런데 어느 날 그간 쌓여 있던 감정이 폭발해버리고 말았다. 아내와 아이들 문제로 이야기를 나누던 중 건성으로 대답한 그의 태도 때문에 큰 싸움이 벌어진 것이었다. 그때부터 부부의 관계는 걷잡을 수 없이 나빠졌고, 어떻게 하면 다시 관계를 회복할 수 있을지 나에게 상담을 요청했다.

"주로 집 안 어디에서 일을 하시나요?"

"퇴근하고 돌아오면 밤 9시 정도가 됩니다. 식구들이 거실에서 텔레비전을 보기 때문에 주방에 있는 식탁에 앉아 잔업을 처리했습니다. 아이들 공부방 외에는 일을 할 수 있는 공간이 주방밖에 없더라고요."

그의 말을 듣는 순간, 나는 무릎을 탁 쳤다. 가족 간에 불화의 원인은 바로 '잘못된 공간 활용'이었던 것이다. 나는 그에게 이렇게 조언해주었다.

"식탁은 가족이 모여 식사를 하고 대화를 나누는 장소입니다. 서로 유대감을 느끼는 공간이지요. 그곳에서 아빠가 혼자 일을 하면 가족은 당신을 '우리는 뒷전이고 일밖에 모르는 사람'으로 생각해 사이가 점점 멀어질 수밖에 없습니다. 식탁을 잘못 활용한 셈이지요. 아예 일하는 책상을 별도로 마련해보는 건 어떻습니까?"

그는 내 말을 듣고 곧바로 아내와 의논하여 일만 하는 전용 책상을 구입했다. 그때까지 그에게 있어 식탁은 일하는 공간이었지만, 점차 '가족과 대화를 나누는 장소'라고 인식을 바꿔가기 시작했다.

처음에는 그간 길들여진 습관 때문에 집중이 되지 않을 때면 식탁이 자꾸 떠오르기도 했지만, 식탁의 본기능을 되새기며 자신을 타이르고 참아냈다. 더불어 집에서 일하는 습관도 없애기 위해 노력했고, 꼭 해야 할 일이 있을 때에만 가족에게 양해를 구한 뒤 책상 앞에 앉았다.

그는 집을 크게 뜯어고치거나 이사와 같은 무리한 방법을 쓰지 않았지만 공간이 지닌 본래의 기능을 깨달음으로써 가족과 친밀해졌고, 화목한 분위기를 되찾음으로써 일에서도 더 큰 능력을 발휘했다. 아주 사소한 일 같지만 집 안 공간의 기능을 제대로 이해하고 활용한다면 분명 가족의 화목을 도모하는 데 큰 도움을 얻을 것이다.

집에서 **친목**을 다지고 **인맥을 확장**한다

일본에서 제법 큰 보험회사의 여성 CEO가 집과 사무실 공사를 맡아달라고 의뢰한 적이 있었다. 과거 그녀는 전국에서 실적 1위를 달성하며 '보험왕'에 오른 화제의 인물이었다. 설계에 앞서 그녀의 라이프스타일과 삶의 철학을 알아보기 위해 이런 질문을 했다.

"평범한 직장인 신분에서 CEO의 자리에 오른 비결이 무엇입니까?"

그러자 그녀는 이렇게 대답했다.

"지금의 성공은 모두 집에 사람들을 초대한 덕분입니다."

즉 집에 계속 사람들을 초대해 직함이나 성별과 같은 울타

리를 뛰어넘는 인간적인 교제를 맺어왔다는 말이었다. 더불어 초대를 하기 전 그 사람의 취향이나 가치관에 대해 고민을 함으로써 진심을 다해 영업했고 커다란 성과를 이루어낼 수 있었다고 이야기했다.

보험 영업자는 실적을 올리기 위해 '일단 고객에게 팔아야만 하는' 숙명을 안고 있다. 그래서 일반적인 영업자들은 오직 팔기에만 혈안이 되어 무조건 상품을 추천하기 일쑤다. 하지만 그녀는 그런 식으로 일하지 않았다. '고객이 정말로 필요로 하는 보험을 소개하고 싶다'는 생각으로 영업에 임했고, 자연스럽게 고객을 집으로 초대해 많은 이야기를 나누었다고 한다. 또 실적이 남보다 월등했기 때문에 동료들과의 관계가 나빠질 것을 염려해 종종 회사 직원들과 그의 가족까지 별장으로 초대해 바다가 보이는 마당에서 식사 모임을 열었다.

CEO가 된 지금도 그녀의 초대는 이어지고 있다. 그래서 집 설계를 의뢰할 때도 여러 사람이 함께 모여 식사할 수 있는 자리에 최대한 신경을 써달라고 부탁했다. 사장이 몸소 사적인 공간을 내주어 마음을 열고 함께 식사를 하면 초대받은 사람들은 감동을 느끼게 마련이다. 그러면 서로 간에 유대감이 깊어지고 신뢰가 쌓인다. 경우에 따라 직원을 질책할 때도 개인적으로 집에 초대해 식사를 하며 부드럽게 타이르면 당사자 또한 기분 나빠하지 않고 '사장이 나를 진심으로 대해준다'고 생각한다. 덕분에 그녀가 사장으로 있는 보험회사 직원들은 그녀를 따르고 본받아 정직하게 영업하는 분위기를 조성했고, "그 회사는 가족처럼 친절하게 보험을 추천해준다"는 소문이 돌아 일본에서 매출 1위를 달성하는 쾌거를 이루었다.

창의적인 발상이 탄생하는 **사무실**이란?

비즈니스로 얽힌 관계에서는 좀처럼 사적인 감정을 드러내기가 쉽지 않다. 감정 자체를 불필요한 것 또는 방해 요소로 생각하거나, 감정을 드러내면 프로답지 못하다고 여기기 때문이다. 물론 경영자나 리더는 감정에 휘둘리지 말고 냉철하게 판단을 내려야 한다. 설령 가족과의 불화로 인해 짜증이 나거나 집안에 아픈 사람이 있어 기분이 좋지 않을 때에도 이성을 잃지 말고 흐트러짐 없는 모습을 보여야 하는 것이 리더의 자질이다. 그런데 나는 성공한 경영자들에게서 조금은 납득이 되지 않는 공통점 하나를 발견했다. 바로 그들은 억지로 감정을 숨기거나 억누르지 않는다는 사실이다.

복도에서 만난 동료가 밝은 목소리로 인사하는데도 왠지 모르게 기운이 없어 보인다거나, '이 친구 무슨 일 있나?' 하고 걱정된 적이 있는가? 미국의 사회학자 알버트 메리비안(Albet Mehrabian)에 따르면, 상대방의 첫인상을 판단하는 요소로 언어가 7퍼센트, 비언어가 93퍼센트에 해당한다고 한다. 즉 비언어에 속하는 사람의 감정은 굳이 말로 표현하지 않아도 상대방에게 반드시 전해질 수밖에 없다. 감정을 부정하고 냉정한 척하며 맺은 관계에서는 절대로 진심이 느껴지지 않고 신뢰를 쌓기도 어렵다. 긍정적이든 부정적이든 자신의 마음속에 있는 감정을 솔직하게 드러내고 인정한 다음 대화를 진행해야 하는 이유가 바로 여기에 있다.

1급 건축사인 내가 이렇게까지 단언하는 이유는 집을 설계할 때 의뢰인과 커뮤니케이션을 하며 가장 중요하게 여기는 점이 바로 '감정'이기 때문이다. 자신의 감정을 솔직하게 표현하고 공유해주어야만 건축사가 더욱 좋은 공간을 만들어낼 수 있다. 나에게 설계를 의뢰한 경영자 중 한 명은 "감정을 표현해 공감을 얻어야 좋은 결과가 나온다는 점에서 팀 프로젝트와 집 짓기는 매우 닮았군요"라고 이야기했다.

성공한 부자들일수록 한결같이 "감정을 제대로 느껴 받아

들인 후 그것과 잘 어울리는 것이 중요하다"고 입을 모은다. 그들은 감정을 억지로 부정하거나 억누르지 않는다. 그보다는 자신이 현재 느끼는 감정을 정확하게 이해하면서 마음을 다스리는 일이 훨씬 더 중요하다고 말한다. 특히 이러한 태도는 경영자와 같이 높은 직급과 영향력을 가진 사람에게 더더욱 필요하다. 만약 당신의 집안에 문제가 있고 몸 상태가 좋지 않아 예민해져 있다고 가정해보자. 그럼에도 감정을 억누르고 아무렇지 않은 척을 하며 지시를 내리면 부정적인 기운이 부하 직원에게 고스란히 전달된다. 그러면 부하 직원은 '내가 무슨 잘못을 했나?', '보고 내용이 탐탁지 않으신가?' 하고 불안해진다. 한편 신뢰가 두터운 리더는 "사실 오늘 내가 기분이 썩 좋지 않네"라고 인정하고, "예민한 기분으로 결재를 내려 미안하네"라며 솔직하게 말한다. 그러면 부하 직원도 오해를 하지 않는다. 자신이 먼저 마음을 연 만큼 상대방도 그 점을 존중해주고 서로 신뢰를 구축해 좋은 관계로 발전하는 것이다.

과거와 달리 21세기에 높은 실적을 내며 승승장구하는 기업들 역시 '감정 표현'에 대해 긍정적인 반응을 나타내고 있다. 회사 내에서 감정을 솔직하게 표현하면 오히려 논리적인 생각이 가능하고 빠르게 결단을 내릴 수 있음을 인정하는 것이다. 그러한 기업들 중 가장 대표적인 곳이 구글(Google)이다. 이미 널리 알려졌듯이 구글의 사무실은 나채로운 컬러와 디자인이 가미되어 있다. 휴게실에 당구대가 있고 달걀 모양의 미팅룸을 마련하는 등 공간을 무척 재미있게 활용한다. 다른 기업에서는 꿈도 못 꿀 일이지만, 그들은 감성을 자극하는 공간 디자인을 통해 직원들의 감정을 극대화시키고 긍정적인 에너지와 발상을 내뿜을 수 있게 돕는다. 건축 전문가의 입장에서 보더라도 직원들의 능률을 높이고 실적을 올리고 싶다면 구글과 같은 사무실 환경을 조성하는 일부터 시작해야 하지 않을까 싶다.

더불어 최근에는 컬러가 심리에 미치는 영향을 이용해 사무실을 디자인하는 기업도 늘어나고 있다. 건축사로서 짧은 팁을 소개하자면, 빨간색은 다른 색에 비해 쉽게 눈에 띄고 심장 박동수와 혈압을 상승시킨다. 따라서 결단력과 추진력을 빠르게 향상시키고 싶을 때 사용하면 좋다. 파란색은 빨간색과 달리 심장 박동을 느리게 하는 반면 집중력과 생산성을 증가시키므로 사무실이나 공부방에 적합하다. 마지막으로 노란색은 창의력을 증진시키는 데 도움이 된다. 창의적인 아이디어가 필요한 회의 공간에 활용하면 큰 효과를 거둘 수 있을 것이다.

어릴 때의 환경이 평생 습관을 만든다

지금으로부터 약 20여 년 전, 내가 설계 사무소에 입사한 지 얼마 되지 않은 신입사원 시절의 이야기다. 누구나 이런 경험이 있겠지만, 내가 작업을 하고 있으면 상사가 "잠깐 이리 와보게" 하며 부르는 일이 많았다. 상사의 입장에서는 일일이 부하 직원이 무슨 일을 하고 있는지 다 신경 쓸 수 없겠지만, 당시에 나는 '꼭 집중만 하려고 하면 부른다'는 생각에 짜증이 났다.

나와 마찬가지로 회사에서 상사가 "잠깐 이리 와보게" 하고 말을 걸면 집중력이 탁 끊기면서 기분이 상하는 사람이 많이 있을 것이다. 그런데 그중에는 "네, 부르셨어요? 지금 갑니다" 하고 상냥하게 대답하며 일이 중단되어도 짜증을 내지 않는 사람도 있다. 그렇다고 나를 비롯해 이런 상황에서 짜증을 내는 사람들이 본디 성격이 급하거나 자기 제어가 미숙해서 그런 것은 아니다. 바로 '어릴 때 어떤 환경에서 공부했느냐'가 이런 차이를 만든 것이다.

고도 성장기를 거쳐 학력 중심의 사회가 된 일본에서는 집을 꾸밀 때 아이의 공부방을 만드는 일을 당연시한다. 지금 직장에 다니는 세대는 어린 시절에 주로 자기 방에 틀어박혀서 공부를 한 셈이다. 부모는 자녀가 '혼자 조용히 있어야 공부가 더 잘될 것이다'라고 생각하거나, '주변에서 걸리적대면 안 된다'는 생각에 아이의 방을 별도로 마련한다. 하지만 나는 이런 생각이 오히려 좋지 않은 결과를 낳았다고 본다. 아이가 자기 방에서 혼자 틀어박혀 공부하면 오히려 성인이 되어서 좀처럼 집중을 잘하지 못하는 경우를 많이 접했기 때문이다.

나는 회사에 다니며 '왜 나는 유독 이런 상황에 짜증이 날까?' 하고 생각해보았다. 그리고 불현듯 대학 입학 시험 때의 경험이 떠올랐다. 평소 모의고사 때보다 많은 수험생이 한 교실에서 일제히 펜 소리를 사각사각 내며 답을 체크했는데, 그런 상황에서 나는 '아, 나만 못 풀고 있구나' 하고 초조해진 탓에 문제를 차분히 읽지 못했다. 결국 모의고사 평균 점수보다 100점 더 낮은 성적을 받았다. 그때뿐만이 아니다. 친구와 도서관에서 공부를 할 때도 좀처럼 집중을 하지 못해 다시 집에 돌아와 책을 펴는 일이 다반사였다. 그런 경험을 토대로 볼 때 '나는 줄곧 조용하고 꽉 막힌 공간에서 혼자 공부를 해왔기 때문에 어수선한 곳에서는 집중을 하지 못하는 것 아닐까?' 하는 결론에 다다랐다. 그 이후부터 주변의 방해에도 불구하고 항상 차분하게 집중하는 사람을 볼 때마다 "어릴 때 어떤 환경에서 공부했나요?"라고 물어보는 습관이 생겼다. 그러면 그 사람들은 대부분 "카페에서 공부했어요" 혹은 "도서관에 가서 친구들과 함께 공부했어요"라고 대답했다.

아주 사소한 부분이지만 이처럼 어린 시절에 형성된 공간으로 인한 습관은 성인이 되어서까지도 큰 영향을 미친다. 너저분한 식탁에서 대충 빨리 끼니를 때우던 습관은 성인이 된 이후 식습관에 영향을 미치고, 가족 간에 대화가 단절된 삭막한 거실은 성인이 된 자녀의 가족 관계에까지 영향을 미친다. 나와 우리 가족의 습관과 성격은 공간으로부터 어떤 영향을 받고 있는가? 잘 생각해봐야 할 문제다.

제3장

집을 통해 꿈을 이루는 부자들의 마음가짐

•
•
•

'환경'이란 우리를 둘러싼 상황을 말한다. 넓은 범위로는 지구나 우주도 환경에 속한다. 하지만 능력을 발휘하고 성공을 거두기 위해 정돈해야 하는 환경은 조금 더 좁은 범위, 즉 몸 상태나 정신 상태, 사고방식 등이다. 불안정한 심리나 감정은 우리의 컨디션을 저해하는데, 여기에 바로 공간이 큰 영향을 미친다. 성공한 부자들은 이러한 환경의 덫에 빠지지 않기 위해 어떤 노력을 하고 있을까? 부자들이 매순간 염두에 두고 있는 집에 대한 기본 마인드를 소개한다.

마쓰시타 고노스케도 활용한 풍수의 법칙

집과 같이 우리를 둘러싼 공간과 환경은 인생에 지대한 영향을 미친다. 그래서 공간을 깨끗이 정리하고 방위에 맞게 가구를 배치하면 일이나 인간관계에서 높은 능력을 발휘할 수 있다. 사실 이 말은 세계적인 부자나 경영자들이 모두 중요하게 여기고 실천하는 진리다. 우리가 알고 있는 수많은 성공한 부자들이 가상([家相] 집의 위치나 방향, 구조 따위를 보고 집안의 길흉을 판단하는 일)이나 풍수를 활용해 집을 짓고 사옥을 세우며 조상의 묏자리를 결정하는 이유가 바로 여기에 있다.

먼저 가상이란 음양오행설(陰陽五行說)을 근거로 입지 조건과 방향, 터 잡기 등에 관해 길흉(吉凶)을 판단하는 속신으로, 주역의 사고를 바탕으로 한 사상이다. 조상들은 방위에 있어서 북동(北東) 방위를 '귀문(鬼門)'이라 부르고 귀신이 드나든다고 하여 꺼렸으며, 문이 동쪽과 남쪽 중앙에 있으면 가업이 번영하는 길상(吉相)이라고 하여 상서롭게 여겼다. 즉 고정된 각 방위에 깃들어 있는 길흉을 정리하여 제시하는 사상이라 할 수 있다.

반면에 풍수는 본래 중국에서 형성된 사상으로 방위를 포함해 산과 물, 사람 등의 네 가지 조합으로 성립된다. 일정한 경로를 따라 땅속을 돌아다니는 생기(生氣)를 사람이 접함으로써 복을 얻고 화를 피하자는 사상이다. 토지 형상이나 주변 환경, 나아가 부지를 둘러싼 도로와 현관 방향 등을 기본으로 길흉을 판단하는 유파가 많이 남아 있다.

일반적인 사람들은 가상이나 풍수가 미신이나 점(占)의 영역을 벗어나지 못한 비과학적인 주장이라 여겨 잘 믿지 않고 무시해버린다. 그런데 오히려 성공한 부자들은 가상과 풍수를 건축의 중요한 요소로써 보고 적극적으로 활용한다. 물론 사회적인 이미지 때문에 이러한 사실을 공공연하게 드러내지는 않지만, 건축을 의뢰할 때 남몰래 가상과 풍수를 반영해 설계해달라고 부탁하는 경우가 많았다.

파나소닉(Panasonic)을 설립해 일본에서 '경영의 신'이라 불리는 마쓰시타 고노스케[松下幸之助] 역시 가상과 풍수에 근거하여 약 2년 반에 걸쳐 집을 지었다. 그의 사저 고운소[光雲荘]는 현재 효고[兵庫] 현에 남아 있는데, 건물을 구글 지도로 살펴보면 무척 잘 정돈되어 있다는 사실을 알 수 있다. 가상에서는 전체적인 방의 배치 형태를 중시한다. 네모난 형태를 이루지 못한 방은 좋지 않다고 보고, 네모에 가깝거나 약간 돌출된 정도가 이상적이라고 여긴다. 마쓰시타 고노스케의 사저는 작은 돌출 부분이 남동에서 북서 방향으로 튀어나와 아주 좋은 형태로 이루어져 있다. 그뿐만 아니라 나에게 집을 의뢰한 수많은 경영자들 역시 가상과 풍수에 깊은 관심을 가지고 자신의 공간에 응용한다.

가상과 풍수가 비과학적이라고 생각할 수도 있다. 물론 그런 면이 없지는 않지만, 이를 선인이 남겨준 지혜와 통찰이라고 생각해보면 어떨까? 방 배치가 이러하면 건강이 좋아지고 가족이 화목해지며 일이 잘 풀린다는 일종의 '유서 깊은 통계'이기 때문이다. 그러한 정보가 대대로 이어지고 있는데 집을 지을 때 어찌 활용하지 않을 수 있겠는가?

독립을 통해 **사업가**의 **마인드**를 기른다

자신의 힘으로 사업을 일구어 돈과 명예를 얻은 부자들에게는 집에 관한 공통된 법칙이 하나 존재한다. 바로 젊은 시절에 한 번은 본가를 떠나 자립하여 살아보았다는 점이다. 그리고 이러한 독립 경험이 자신의 성공에 크나큰 밑거름이 되었다고 입을 모아 말한다.

왜 부모로부터의 독립이 일과 인생의 성공으로 이어지는 걸까? 우선 부모의 그늘을 벗어나 본가로부터 독립한 사람들은 돈을 포함해 살아가는 데 필요한 모든 일을 스스로 해결해본 경험이 있다. 무슨 일이 벌어져도 '내 일은 내가 스스로 한다'는 마음가짐이 습관처럼 자리 잡았기 때문에 남에게 의지하지 않고 중요한 결단을 내릴 수 있다. 그래서 사실상 독립은 '사업을 하나 새로 시작하는 것'과 비슷하다. 독립을 통해 결단력을 키운 사람은 매사를 미루지 않고 분명하게 처리한다는 성향도 있다. 그리고 실제로 선택과 행동을 반복하며 꾸준히 앞으로 나아간다.

놀랍게도 나는 계속 부모의 곁에 살면서 눈부신 성공을 거둔 사람을 단 한 명도 본 적이 없다. 물론 사업에 실패하거나 직장을 잃어 일시적으로 본가에 들어가 사는 사람도 있다. 또 병든 부모를 모셔야 하는 사람도 있다. 하지만 사정이 어떻든지 간에 '2년 후에는 꼭 독립을 하겠다'는 식으로 기한을 정하는 편이 좋다. 처음에는 잠시만 본가에서 지낼 거라 생각해도 부모의 곁에서 살다 보면 의지하는 마음이 커져 좀처럼 새로운 일에 도전하기가 어려워지기 때문이다.

만약 당신이 아무런 의심이나 자각 없이 성인이 되어서도 본가에 살고 있다면 한 번쯤은 독립을 계획해보길 바란다. 인생을 바라보고 대하는 새로운 시각이 열릴 것이다.

집은 자신을 위한 최고의 **선행 투자**다

부자들은 집을 꿈을 이루기 위한 장소로 정의함과 동시에 자신을 위한 최고의 '선행 투자'라고 생각한다. 선행 투자란, 현재 시점에서는 가치를 측정할 수 없지만 미래에 발생할 이득을 위해 투자하는 일을 말한다. 즉 지금 당장 주변 물건보다 싸서 혹은 역에서 가까워서라는 직접적인 가치로 집을 구하지 않고, '그곳에 살면서 내가 장차 이루고 싶은 일을 실현할 수 있는가?'라는 가치를 기준으로 집을 구입한다.

내가 아는 30대 직장인 남성은 젊은 사람이 많고 편리함과 자연이 공존하는 동네에 살고 싶다는 생각으로 도쿄의 지유가오

카[自由が丘]에 집을 구했다. 지유가오카는 도쿄에서도 손꼽히는 고급 주택가와 숍이 즐비한 지역으로, 세련되고 감각적인 사람들이 사는 동네라는 이미지가 있다. 그는 지유가오카에 살며 '센스 있는 비즈니스맨'이라는 이미지를 갖고 일하고 싶다는 생각을 마음속 깊이 품어왔다고 했다.

일단 살겠다고 마음먹자 '지유가오카는 비싸서 어렵다'는 이유로 단념하지 않게 되었다. 그는 자신이 감당할 수 있는 자금으로 어떻게든 집을 구하고 싶어 계속 발품을 팔아 물건을 찾았다. 그러자 직장을 옮긴 사람이 적당한 가격에 집을 내놓았다는 소식을 들었고, 정말 그곳으로 이사를 했다. 집을 옮긴 뒤 사람들을 만날 때마다 "저는 지유가오카에 살아요"라고 하면 많은 이들이 흥미를 보였고 대화가 신나게 이어졌다. 또 그가 지유가오카 주변에 스타일리시한 음식점을 많이 안다고 소문이 나면서 업무와 인간관계의 폭도 한층 넓어졌다. 뿐만 아니라 주변에 사는 지역 주민들과 교류를 시작하자 새로운 업종의 사람들을 만날 기회가 많아졌고, 그들에게서 인생에 대한 이야기나 생생한 체험담을 들으면서 견문을 넓힐 수 있었다고도 했다.

실은 나도 30대 즈음에 선행 투자라는 명목으로 히로시마[広島]에 66제곱미터(약 20평) 정도의 땅을 구입했다. 도쿄와 같은 수

도권에서는 집을 짓기 위한 면적으로 그 정도면 충분하지만, 지방에서는 일반적으로 '99제곱미터(약 30평)은 넘어야 집을 짓는다'고 생각하기 때문에 당시에 내가 산 땅은 사실상 가치가 없다고 여기는 사람이 많았다. 하지만 나는 그러한 통념을 뒤집기 위해 66제곱미터 땅에 건물을 짓고 1층은 아틀리에로, 2층과 3층은 사람이 거주할 수 있는 주택으로 만들었다. 그러자 '66제곱미터라도 충분히 기능성 있고 넓은 집을 지을 수 있다'는 생각이 퍼져나갔다. 더불어 이 집을 나만의 모델 하우스로 개방하여 집 짓기를 희망하는 사람들에게 보여줌으로써 '실제로 집을 볼 수 있어 안심하고 설계를 의뢰할 수 있다'는 평가를 들었다. 그 결과, 건축 사무소의 일감도 점점 늘어났다. 게다가 이 땅은 나름 대로변에 위치해 시세보다 30퍼센트 비싸게 구입했지만, 건축사로 성공하기 위한 선행 투자로서는 충분한 가치가 있었다.

'장소에 투자한다'는 의미는 비단 집에만 해당하지 않는다. 인생을 좋은 흐름으로 이끄는 사람들은 공간이 미치는 영향력을 잘 알기 때문에 적극적으로 환경에 투자한다. 많은 사람이 투자라고 하면 '여윳돈이 필요한 게 아닌가?' 하고 생각한다. 하지만 나는 그런 사람들에게 "무리해서 돈을 많이 쓰세요"라고 주장하고 싶지 않다. 공간에 대한 관점만 바꾸면 그동안 보이지 않고 얻을 수 없었던 가치들을 손에 넣을 수 있게 된다.

예를 들어 점심으로 15000원을 쓸 예정이라면 10000원으로 식사를 하고 나머지 5000원으로 커피를 마시는 게 아니라, 점심은 도시락으로 해결하고 특급 호텔 라운지에서 15000원짜리 커피를 마시겠다고 생각해야 한다. 물론 15000원짜리 커피 그 자체에는 아무런 의미가 없다. 하지만 호텔 라운지의 분위기나 배경 음악, 그곳에 모인 사람들이 시간을 보내는 방법이나 분위기, 표정 등을 느끼며 일상생활에서는 체험할 수 없었던 특별한 광경을 목격하고 느끼게 될지도 모른다.

최고의 장소에서 겪은 경험은 언젠가 반드시 나에게 큰 도움이 된다. 그처럼 공간에 선행 투자하는 일은 인생을 긍정적인 방향으로 이끄는 최대의 자기 투자인 셈이다.

세상 어디든 **가장 행복한 곳**을 찾는다

꿈을 구체적으로 그리고 빠른 속도로 실현해나가는 사람들은 대체로 사고(思考)에 제한이 없다. 즉 돈이나 환경에 얽매이지 않고 원하는 바를 자연스럽게 상상한다. 그런 의미에서 꿈이나 목표는 현재의 내 모습에서 출발하여 생각하기보다 장차 되고 싶은 명확한 이미지에서 역산하여 실현 계획을 짤 때 훨씬 더 현실화될 가능성이 높다. 내가 원하는 바를 이루기 위해서는 먼저 사고의 제한을 없애고, 나를 옭아매고 있는 조건들부터 제거해야 한다.

이는 집을 선택할 때도 마찬가지다. 사실 꿈을 이룬 부자들은 '이 넓은 세상 가운데 나는 어디에 살고 싶은가?'라는 물음으로 집터를 생각한다. '지금 내 수입에 적당한 곳은 어디인가?'가 아니라, '집을 살 수 있는 가능성이 있는 장소라면 어디든지 괜찮다'는 마음으로 집을 구한다. 일반적인 우리도 내 분수에 맞는 곳이라는 틀을 깨고 마음속에 '세상 어디에 살고 싶은가?'라는 물음을 던진다면, 정말로 바라는 주거 환경을 찾을 수 있다. 실제로 이와 같은 질문을 던진 사람들이 어떤 답을 내놓았는지 살펴보자.

'세계의 금융 허브 두바이에 살면서 사업을 이룬다.'

'일주일에 3일은 자연 환경이 풍요로운 가루이자와[軽井沢]에 살고, 나머지 4일은 신칸센을 타고 도쿄로 출근한다.'

'집필 의욕을 불태우기 위해 문학가의 땅 가마쿠라[鎌倉]에 산다.'

'최첨단 건축 기술을 배우기 위해 독일로 유학을 가 5년간 현지 회사에서 일한다.'

'IT 기술을 쌓고 인맥을 넓히기 위해 3년 동안 미국 서부에 있는 실리콘 밸리로 간다.'

허황된 목표처럼 보이지만 실제로 이들은 몇 년이 지난 후 모두 자신이 대답한 그곳에 가서 살게 되었다. 물론 이들 역시 처음에는 자신의 답에 반신반의하거나 스스로 확신을 세우지 못했다. 하지만 '세상 어디에서 살고 싶은가?'라는 물음에 답을 찾았고, '그렇다면 어떤 노력을 해야 할까?'를 생각해 행동으로 옮겼으며, '혹시 나도 할 수 있지 않을까?'라는 확신이 생겨 자아상(Self-image)이 높아진 결과 정말로 꿈을 이루었다. 아직까지도 '현실의 나에게는 불가능한 일'이라고 느껴진다면 이렇게 질문해보자. '신이 나에게 이 세상 어디에서든 살 수 있는 풍족함을 선물로 준다면 어디에서 살고 싶은가?'

또 세상이라고 범위를 정하면 너무 넓고 광대해 장소를 탁 집어 떠올리기 어려울 수도 있다. 그렇다면 지금 자신이 살고 있는 나라나 지역 안에 있는 특정한 장소를 떠올리며 '이곳에서 이렇게 살면 정말 편안하고 행복할 텐데……'라고 생각해보자.

'한 달에 한 번은 온 가족이 함께 온천을 즐길 수 있는 지역에 살고 싶다.'

'자연으로 둘러싸인 근사한 리조트가 차로 한 시간 거리에 있으면 좋겠다.'

'겨울에는 주말마다 가까운 스키장에 놀러 가고 싶다.'

'바다가 내려다보이면서 대중교통으로 도심 출퇴근이 가능한 지역에 살고 싶다.'

이렇게 구체적으로 생각을 해보아도 좋다. 실제로 '도심까지 전철로 20분이 걸리면서 녹음이 우거진 곳에 살고 싶다'거나, '자전거로 출퇴근이 가능하고 집 옆에는 밭이 있어 아이들과 농작물을 키우고 싶다'는 다소 무리한 꿈을 품었던 사람들도 실제 자신이 원하는 지역을 찾아내 그곳에 집을 짓고 행복하게 생활하고 있다.

또 최근에는 자신이 살고 싶은 '나라'를 찾아 해외로 이사가는 사람도 많다. 홍콩, 싱가포르, 베트남, 태국 등에 여행을 갔다가 마음을 빼앗겨 수년 뒤에 글로벌 프랜차이즈 음식점 사업을 시작한 경영자도 있다. 즉 부자들은 성공을 국내로만 한정하여 생각하기보다는 전 세계 규모로 자신이 하고 싶은 일을 떠올려 반드시 이루고야 만다.

가족의 꿈을 모두 담아 짓는다

가족 간의 관계가 원만하고 화목한 사람들은 자신의 꿈뿐만 아니라 가족이 함께 꿈과 로망을 공유하고 이루어가는 장소로써 집을 활용한다. 가족 구성원 모두가 꿈을 향해 전진하면 관계가 좋아짐은 물론, 일에 능률도 오르고 서로를 응원하게 되는 좋은 기운을 만들어내기 때문이다. 그래서 부자들은 집을 마련하고 짓기에 앞서 '이 집에 살면서 자신과 가족이 실현하고 싶은 꿈은 무엇인가?'라는 질문을 던진다.

가족이 함께 이루고 싶은 꿈은 평범해도 괜찮다. 집 옆 텃밭에 채소를 길러 건강하고 맛있는 식사를 즐긴다든지, 친구들을 불러 모아 왁자지껄하게 파티를 즐긴다는 계획도 좋다. 만약 그 집에서 하나의 목표를 달성했다면 또 다른 목표를 세워 집 안 배치를 바꿔 보아도 좋다.

30대에 사업을 일궈 크게 성공한 경영자가 집의 위치 선정과 설계를 의뢰했는데, 그는 가족이 부유층만 모여 사는 동네에 살면서 지역 커뮤니티에 참여하고 주변 이웃들로부터 애티튜드를 배우며 좋은 기운을 받았으면 좋겠다고 말했다. 세 아들을 둔 또 다른 부자는 학교에서 돌아온 아이들이 공부보다는 자연 속에서 마음껏 뛰어놀았으면 좋겠다는 생각에 아파트를 벗어나 전원주택으로 이사가고 싶다는 꿈을 이야기했다. 실제로 그는 몇 년 뒤 도심에서 가까운 지역에 주택을 지어 이사했는데, "이 집은 제게 완전히 새로운 삶을 선물해주었습니다"라며 만족감을 드러냈다. 캠핑을 좋아했던 부부는 새로 생긴 마당에서 파티를 하고 아이들은 그의 바람대로 건강하게 뛰어놀며 활기를 되찾았다고 한다. 이들 부부처럼 목표를 달성하기 위해서는 먼저 가족이 함께 나아가고 노력한다는 연대감이 중요하다.

물론 혼자 사는 사람에게도 집에 꿈을 담는 일은 중요하다. 집이라는 공간을 자신의 꿈을 이루는 장소라 생각하고 그렇게 활용하면 되는 것이다. 만약 당신이 '결혼을 해 가족을 만들고 싶다'는 꿈을 꾸고 있다면, 마치 두 사람이 사는 공간인 양 집을 꾸밈으로써 꿈에 한 걸음 더 가까이 다가갈 수 있다. 접시를 살 때도 한 장이 아니라 두 장을 사고, 식탁도 2인용을 마련하면 좋다. 욕실에는 칫솔을 두 개 이상 꽂을 수 있게 하는 등 언제나 누군가를 받아들일 준비를 하면 결혼에 대한 동기와 욕구가 자연스럽게 높아져 그에 관해 끊임없이 생각하게 되면서 구체적인 행동으로 옮기게 된다.

그래서 건축사에게 집 설계를 의뢰하든 자신의 힘으로 집을 짓든, 단순히 '심플하게' 혹은 '모던하게'라고 생각하기보다는 내 마음속 깊은 곳에 숨어 있는 꿈을 끄집어내 솔직하게 이야기해보길 바란다. 건축사로서 나는 의뢰인의 말 속에 숨겨진 꿈과 로망을 해독하는 일이 가장 중요한 사명이라고 생각해왔다. 이를 제대로 이해하고 결과물로써 의뢰인을 만족시켰을 때 최상의 행복을 느끼기 때문이다.

기운이 좋지 않은 집은 피한다

환경이 운에 미치는 영향을 잘 알면 누구나 자신이 가진 운을 발전시킬 수 있다. 대체로 부자들은 일반적인 사람들에 비해 운이나 기운의 힘을 더 강하게 믿기 때문에 집을 구할 때도 철저하게 사전 조사를 한 후 그 집에 깃든 기운을 분석한다.

앞에서 설명한 '형태형성장 이론'에 따르면, 어떤 일이 발생한 지역에서는 그 기억이 해당 장소에 있는 사람들에게 또다시 작용하여 유사한 일이 발생하기 쉽다. 기억과 감정은 밀접한 관련이 있어서 좋지 않은 감정이 배어 있는 장소는 반드시 부정적인 기억으로 우리의 머릿속에 남는다.

예를 들어 은행에 압류당해 경매로 나온 물건은 시세보다

낮은 가격에 거래된다. 그런 집은 대개 소유주가 대출금을 갚지 못해 시장에 나오는데, 대출을 갚지 못했다는 건 일이나 인생이 잘 풀리지 않았다는 의미다. '괴롭고 힘들다'는 감정이 남은 집은 이후에 거주하는 사람에게도 분명 영향을 미친다. 운을 강하게 믿는 부자들은 '어떻게 그런 집을 구입할 수 있지?'라고 생각한다. 내 주변에도 투자가 아닌 거주 목적으로 기운이 좋지 않은 경매 물건을 구입했다가 그 집에서 나쁜 일이 계속 발생해 결국 다시 내놓은 사람도 많다.

또 많은 사람이 중고 아파트를 낮은 가격에 구입해 리모델링하여 살고 있다. 하지만 이때도 이전 소유주가 어떤 이유로 매도했는지, 왜 이사했는지를 부동산에 최대한 물어보는 편이 좋다. 그리고 그 이유가 부정적일 때는 운이 좋지 않은 집이기 때문에 웬만하면 피하는 게 상책이다.

사람에게는 직감이란 게 있어서 '논리적으로 설명할 수는 없지만 왠지 끌린다'거나 '아무래도 느낌이 좋지 않다'는 예감이 적중할 때가 많다. 그래서 부정적인 감정이 축적된 환경에 가면 '마음에 들지 않는다'거나 '마음이 편하지 않다'는 느낌이 들곤 한다.

'시세보다 싸니까' 혹은 '지금 사지 않으면 기회를 놓칠까 봐'라는 이유로만 집을 선택하지 말고, 첫인상이 나쁜 집과는 엮

이지 않는 편이 좋다. 또 가족이 함께 살 집을 구할 때는 가급적 다 같이 보러 가서 첫인상을 서로 이야기한 뒤에 결정해야 한다.

물론 이전 소유주가 부정적인 이유로 매도했더라도 입지나 가격이 정말로 마음에 들어 중고나 경매 물건을 구입할 수도 있다. 이런 때에는 집이 가진 부정적 기운이나 힘에 끌려가지 않게끔 그 집에 살면서 자신과 가족이 실현하고 싶은 꿈을 명확하게 하고, 기분 좋은 일을 가득 채워 그 장소의 기억을 바꿔야 한다. 나중에 자세히 언급하겠지만 운을 떨어뜨리는 요소를 배제하기 위해 방의 배치를 바꾸거나 지자기를 조정하는 등 취할 수 있는 조치는 많이 있으므로 이에 관해 전문가와 의논해보길 바란다.

집 안에 **좋은 기억**을 **축적**하고 **증폭**시킨다

집은 기억을 축적하고 그 기억은 운을 만들어낸다. 안 좋은 기억은 불운을 부르지만, 반대로 좋은 기억은 행운을 불러들여 거주자에게 긍정적인 영향을 미친다.

실제로 나는 그런 일을 실감한 경험이 아주 많다. 내게 집 설계를 의뢰한 50대 부부가 지인들을 초대해 완공 파티를 열었을 때 일이다. 부부와 내가 많은 대화를 나누고 완성한 그 집은 곳곳에서 부부의 애정이 느껴졌고, 두 사람의 인품까지도 드러났다. 집 안을 차례로 둘러보며 이야기하는데 지인 중 한 명이 "이 집 부엌은 정말 신기하리만큼 편안하네요"라고 중얼거렸다. 그러자 약속이라도 한 듯 다른 지인들도 "저도 그래요", "여기에 계속 있고 싶어요"라고 말하며 부엌에 들어가 좀처럼 나오지를 않았다. 물론 이 집 부엌에 특별한 가구나 비밀 장치가 있는 건 아니었다. 다만 아내가 특별히 심혈을 기울여 서랍 손잡이까지 취향에 맞는 모양을 찾았고, 남편과 의논해 가족 누구나 쉽게 드나들 수 있도록 구조를 짰다. 흥미롭게도 설계 당시에 가졌던 좋은 마음이 고스란히 그곳에 축적되어 방문한 사람들에게까지 전해졌다.

부자들은 집이 좋은 운과 나쁜 운을 모두 높일 수 있다는 사실을 의식해 최대한 집 내부 환경을 긍정적이고 밝게 유지하려고 애쓴다. 예를 들어 회사나 상사에 대해 불평을 늘어놓거나 주변 험담을 즐기는 사람은 일절 집에 초대하지 않는다. 반대로 자신의 꿈에 몰두하고 몸과 마음이 밝고 건강한 사람은 누구라도 집에 모이도록 해 긍정적인 기운을 축적한다.

내가 설계를 담당한 어느 기업의 연수 센터에서는 매달 '마음 힐링'이라는 주제로 워크숍을 여는데, 신기하게도 여러 참석자들의 심각한 고민들이 회를 거듭할수록 짧은 시간 안에 해결된다고 했다. 주최자는 "이 장소에 '힐링 에너지'가 쌓여 확산되는 기분이에요. 이전보다 훨씬 더 마음 편한 공간이 되었어요"라며 그 이유에 대해 설명해주었다.

현대 사회에서 집은 그저 외부 자연 환경으로부터 몸을 보호하기 위한 공간이 아니다. 가족 구성원의 정신적 관계가 만들어지고, 시간이 흐르면서 서로의 기억과 감정이 축적되는 공간이다. 이는 일을 하는 사무실도 마찬가지다. 그러니 일부러라도 긍정적인 기억을 공간에 차곡차곡 쌓아보자. 미래에 그곳에서 일어날 일이 모두 잘 풀리는 놀라운 경험을 하게 될 것이다.

기능성보다는 **아름다움**을 우선시한다

한 조사에 따르면, 선진국 사람들이 집을 선택할 때 가장 우선시하는 것 중 하나가 바로 '아름다운 주변 환경'이라고 한다. 실제로 영국의 화가 윌리엄 모리스(William Morris)는 "아름답다고 믿어지지 않는 것은 절대로 집에 두지 말라"고 말했으며, 이는 아직까지도 영국인들의 주거 문화와 삶 속에 그대로 남아 있다. 그런데 땅이 좁고 인구 밀도가 높은 지역에 사는 우리는 집을 구할 때 아름다운 주변 환경 따위는 신경조차 쓰지 못하는 경우가 허다하다. 건축사로서 이런 점이 정말로 안타깝다. 아름다운 주변 환경이야말로 인간의 능력에 막대한 영향을 미치기 때문이다.

미국에서 이루어진 조사에 따르면, 콘크리트 건물만 보이는 집에 사는 사람들보다 나무와 꽃이 두루 보이는 집에 사는 사람들이 집중력과 위기 관리 능력이 훨씬 더 높다고 한다. 뿐만 아니라 아름다운 집들이 늘어서 있거나 녹음이 우거진 지역에 사는 사람들의 행복도가 더 높다는 조사 결과도 있다. 그래서 예부터 우리 조상들도 집 앞에 위압감을 느낄 만큼 큰 건물이 자리 잡고 있으면 터가 좋지 않다고 보고 피했다.

사실 주거 환경에서 단연 으뜸으로 쳐야 할 가치는 바로 '쾌적성'이다. 도시의 매연과 소음에서 벗어나 퇴근 후 쾌적한 보금자리에서 하루의 피로를 풀고 싶은 것이 모든 인간의 로망이기 때문이다. 높은 능력을 발휘하는 사람들일수록 이러한 사실을 깊이 깨닫고, 집을 선택할 때 기능보다 '아름다움'을 우선시한다. 그렇다고 해서 꼭 부자들처럼 무리를 하여 단지 내에 조경 시설을 갖춘 고급 빌라로 이사할 필요는 없다. 커다란 공원이 근처에 있거나 강이 가까이 있어 하천 부지를 산책할 수 있고, 미술관이나 박물관, 역사적인 건축물이 주변에 있어 미관이 뛰어난 곳에 살면 된다. 만약 이것도 여의치 않은 사람이라면 발코니에 화단을 만들어 쾌적함과 아름다움을 더하길 추천한다.

넓은 집에 살수록 **가족 관계**에 신경 쓴다

지금껏 살펴보았듯이 집과 공간이 우리에게 미치는 영향력은 생각보다 훨씬 막대하다. 그렇다면 집은 무조건 크고 호화로울수록 좋은 걸까? 절대로 그렇지 않다. 남부럽지 않은 근사한 집에 살지만 정작 그 집 때문에 불행한 사람도 많다. 동네에서 가장 크고 멋진 집에 살지만 끊임없이 사고만 치고 다니는 아들 때문에 불화가 계속되는 가정, 수영장에 작은 정원까지 딸린 호화 저택에 살지만 가족 간에 대화가 없어 서먹한 집도 많이 보았고, 그런 이유로 집을 경매로 내놓았다는 이야기도 들었다. 왜 돈 걱정 없고 넓은 집에 사는데 불행이 깃드는 걸까? 물론 갑작스러운 사업 실패로 매달 드는 집세를 감당하지 못하기 때문인 경우도 많지만, 근본적인 바탕에는 '집을 사용하는 방법'이 잘못되었기 때문이라는 이유가 숨어 있다. 넓은 부지에 집을 지으면 대개 방을 많이 만들게 되어 있다. 하지만 이때 집을 사용하는 방법을 깊이 고민하지 않으면 가족 간 소통이 소원해질 수 있다. 누가 언제 집에 돌아왔는지도 모른 채 각자 자기 방에 틀어박혀 있거나, 매끼마다 따로따로 식사를 하면 가족은 그저 단순한 '동거인'이 되고 만다. 심한 표현일 수 있지만, 집이 가족의 라이프스타일을 제대로 반영하지 못하고 관계 개선에 전혀 도움이 안 된다면 크고 넓은 집은 '좋은 집'이 아니라 비싸기만 한 '무용지물'로 전락한다.

한 지인은 사업이 크게 성장해 넓은 집으로 이사를 했다. 그와 아내, 그리고 두 명의 아이들은 좁은 집에서 벗어났다는 기쁨에 각각 따로 자기만의 침실과 화장실을 마련했다. 어렵던 형편에서 벗어나 이제는 행복한 생활이 펼쳐질 거라 기대했다. 그런데 넓은 집으로 이사를 한 후부터 오히려 가족 간에 문제가 생겼다. 서로 얼굴을 마주치는 일이 줄어들고 대화도 사라졌으며, 아이들 방이 멀리 떨어져 있다 보니 통제도 어려웠다. 이 가족은 50제곱미터(약 15평) 정도 되는 방에 네 명이 침대를 붙여놓고 같이 잠을 자는 노력까지 해보았지만 좀처럼 새집에 적응하지 못했고, 결국 더 작은 집으로 이사를 했다.

물론 집이 크다고 해서 모두 나쁜 것은 아니다. 오히려 공간이 넓으면 시원하게 탁 트인 기분을 느낄 수 있고, 방 배치를 설계할 때에도 한층 더 자유롭다. 하지만 그토록 넓은 공간을 어떻게 활용할지 구체적으로 생각하지 않으면 오히려 가족 관계에 악영향을 미친다.

이런 점에서 미국인들의 집 활용법을 참고해보면 좋다. 미국 영화나 드라마를 보면 근사한 방이 자주 등장하기 때문에 '사생활을 중요시하는 미국 문화에 맞게 각자 방에서 시간을 보내는군'이라고 생각하기 쉽다. 하지만 실상은 절대로 그렇지 않다. 많은 미국 가정에서는 부부와 아이들이 각자 침실을 갖는다. 하지만 미국인에게 침실은 '정말로 잘 때만 들어가는 방'이다. 깨어 있을 때는 모두 거실에 모여 함께 시간을 보낸다. 또 식사를 한 뒤 각자 방에 틀어박히는 일도 없다. 아이들은 학교에서 돌아오면 거실이나 주방, 또는 식구들이 모여 있는 공간에서 공부를 하고 숙제를 한다. 설령 자기 방에서 공부를 하더라도 방문을 닫은 채 외부와 완전히 차단하지 않는다. 잠을 자는 것도 아닌데 혼자 침실로 들어가면 '학교에서 무슨 일이 있었나?' 하고 걱정할 정도로 가족과 함께 시간을 보내는 일을 당연하게 여긴다.

아이들에게 방을 따로 내어주는 문화는 본래 미국에서 전파되었지만, 사용 방법이나 의식에는 큰 차이가 있다. 이처럼 방을 제대로 활용한다면 아무리 넓은 집이라도 가족이 불행해지는 불상사는 없을 것이다. 따라서 집을 넓은 공간에 짓는다면 방을 많이 만드는 데 각별한 주의가 필요하다.

미래 자산 가치가 분명한 집을 산다

일반적으로 사람들은 집을 살 때 어떤 점을 가장 염두에 둘까? 한 부동산 업체에서 조사한 결과 1위는 바로 '같은 돈을 월세로 낼 바에야 차라리 주택 대출금을 갚는 편이 낫다'였다. 부자가 아닌 이상 집을 살 때 대출은 필수고, 어차피 내 집도 아닌데 다달이 집세를 내기가 아깝다는 생각에 일단 구입을 하고 보는 것이다. 그런 이유로 집을 사는 사람들은 대출금이 아무리 비싸도 '어차피 월세도 이 정도 나갈 텐데'라며 스스로를 위안한다. 그런데 문제는 구입한 집의 '미래 자산 가치'에 대해서는 크게 생각하지 않는다는 점이다.

자산 형성에 탁월한 부자들은 아무리 저렴한 집이라도 부동산으로서의 자산 가치를 분명히 확인한 후에 구입을 결정한다. 여차할 때 구입하려는 부동산에 얼마나 비싸게 임대를 놓을 수 있는가, 미래에 얼마로 매도가 가능한가를 꼼꼼히 확인하고 최대한 자산 가치가 떨어지지 않을 물건을 골라 구입한다.

부동산 가격은 다양한 방법으로 평가할 수 있지만 이렇게 해보면 가장 간단하고 쉽다. 먼저 매달 내는 주택 대출금이 100만 원이라고 가정해보자. 계약금이나 대출 기간에 따라 다르겠지만 우선은 매달 얼마를 지불하는지 생각해보길 바란다. 그리고 당신이 구입하려는 물건과 준공 시기, 면적, 역까지의 거리 등 조건이 유사한 물건이 얼마에 임대가 나왔는지를 확인해본다. 만약 비슷한 물건의 한 달 월세가 80만 원이라면 당신이 구입하려는 집은 유사시에 세를 놓아도 주택 대출보다 적은 금액을 받기 때문에 자산 가치가 낮다고 판단할 수 있다. 반대로 유사한 조건의 물건이 100만 원 이상 월세로 나왔다면 구입하려는 집은 자산 가치가 높다. 간단한 방법이지만 이렇게 확인해보면 당장 내가 사려는 집이 돈을 낳는 집이 될지, 자산을 갉아먹는 집이 될지를 판단할 수 있다.

집을 가족만큼 아끼고 사랑한다

"이 집에 살지 않았다면 절대로 성공하지 못했을 겁니다."

나는 이렇게 단언하는 부자들을 많이 만났다. 꿈을 이루고 행복하게 사는 사람들은 예외 없이 자신의 집을 아주 좋아한다. 내가 "집을 좋아하세요?"라고 물어보면 곧바로 "그럼요. 당연하죠"라고 대답한다. 어떤 사람은 "왜요? 집을 싫어하는 사람도 있나요?"라며 의아한 표정으로 되묻기도 했다. 또 식사부터 세탁까지 최고급 서비스를 제공하는 특급 호텔보다 집에 있는 게 더 즐겁고 행복하다는 사람도 많았다.

왜 일과 가족 관계가 순탄한 사람들은 이렇게까지 집을 좋아할까? 이는 집만이 아니라 그들이 인생 전반을 대하는 태도와 관련이 있다. 예부터 사람은 오랜 역사를 거치며 위험을 감지하고 본능적으로 그 속에서 살아남는 방법을 강구해왔다. 인생을 순탄하게 경영하는 부자들은 자신에게 닥친 나쁜 기운이나 부정적인 감정을 있는 그대로 받아들이고 어떻게 이를 개선할 수 있을지 항상 고민한다. 리스크를 회피하지 않고 하나씩 제거하면서 좋은 결과를 내는 것이다. 그들은 집에 있어서도 같은 태도를 보이는데, 지금의 상황을 인정하고 어떻게 하면 이 집을 나에게 더 유리하게 만들지 항상 고민하고 실천한다. 나의 모자란 부분은 채워주고 장점은 극대화시켜주는 공간을 만들기 때문에 언제나 "집이 좋아요"라고 대답할 수 있는 것이다.

과거에 한 가족이 살 집을 설계한 적이 있는데, 최근 만난 그 집의 안주인은 "이 집이 없었더라면 제 꿈은 실현되지 않았을 거예요"라며 뿌듯하게 말했다. 그녀의 식구는 남편과 아들 셋인데, 나에게 설계를 의뢰할 때부터 "이 집에서 아로마 가게를 열어 운영하고 싶어요"라며 꿈을 이야기했다. 가족은 모두 그녀의 꿈을 응원했고 나는 그에 맞춰 집 설계를 도와드렸다. 여러 이야기를 나누는 동안 남편 역시 '그렇다면 앞으로 자신은 어떤 일을 해야 할까?'라는 고민을 하기 시작했고, 아이들도 그런 부모의 모습을 보며 자연스럽게 미래를 그려나갔다.

당시 직장에 다니던 그녀는 집을 다 지은 후부터 일과 병행하여 아로마 가게를 운영했다. 놀랍게도 순식간에 그 가게는 입소문이 나 전국 각지에서 손님이 모여들었고, 마침내 직장을 그만두고 아로마 가게 일에만 전념하게 되었다. 더불어 아내의 수입이 부부의 이전 수입보다 더 많아졌을 때 남편은 '예전부터 살림에 관심이 많았다'며 다니던 직장을 그만두고 아이들과 아내의 뒷바라지에 나섰다. 아이들 역시 부모를 본받아 합창단에 들어가거나 운동을 하는 등 자신이 진정으로 하고 싶은 일을 찾아서 하기 시작했다.

나는 그 가족을 보며 명확한 꿈과 그 꿈을 이루어주는 장소는 저절로 사람을 노력하게 만들고, 계속 좋은 기억과 기운이 쌓이기 때문에 반드시 꿈을 실현하게 도와준다는 사실을 실감했다. 그들처럼 집을 좋아하기 위해 반드시 이사를 하거나 큰돈을 들여 인테리어를 바꿀 필요는 없다. 집을 바라보는 시각을 조금만 바꿔도 지금 살고 있는 우리 집의 장점을 발견할 수 있다. 집이 좋아지면 자연히 집을 소중히 여기게 된다. 집을 소중히 여기면 집을 정돈하게 되고, 이로써 인생도 좋은 방향으로 흘러간다.

[Mini Work]

우리 집에 대한 마음가짐 점검하기

당장 이사를 할 수 없는 형편이라면 지금 살고 있는 집의 장점을 생각해보는 것만으로도 삶을 더 생산적이고 가치 있게 만들 수 있다. 우리 집의 장점은 무엇일까? 조금만 시각을 바꾸어 단점을 장점으로 만들 수는 없을까? 아래 질문을 통해 우리 집에 대해 생각해보는 시간을 가져보자.

[질문1]

당신은 왜 지금 그 집에 살고 있는가?

예시) 집세가 비싼 도심에서 벗어나 근교로 이사를 왔다.

[질문2]

지금 살고 있는 집에 대한 불만을 적어보자.

예시) 자연 환경이 쾌적하지만 직장과 멀어 출퇴근이 오래 걸린다.

[질문3]

조금만 시각을 바꾸어 우리 집의 단점을
긍정적인 방향으로 전환해 적어보자.

예시) 출퇴근 시간을 온전히 나만의 시간으로 만들어 독서나 동영상 강의를 볼 수 있다.

[질문4]

'질문3'에서 적은 내용을 바탕으로 우리 집의 장점을 적어보자.

예시) 집세를 아끼고 쾌적한 자연을 누릴 수 있다. 혼자만의 시간을 가지면서 자기계발을 할 수 있다.

제4장

부자들이 실천하는 17가지 주거 습관

•
•
•

살고 있는 집을 가꾸고 난 후 생각이나 습관이 달라진 경험을 해본 사람은 집과 환경이 얼마나 중요한지 잘 알고 있다. 사실 집 안 곳곳을 바로잡아가는 과정은 내면에 숨겨진 욕구를 한 단계씩 충족시키는 것과 같고, 이러한 과정은 집이라는 공간을 '꿈을 이루어가는 터전'으로 탈바꿈시킨다. 누구든지 꿈과 로망을 집에 담으면 그 꿈을 실현시킬 엄청난 힘을 얻게 된다. 그렇다면 부자들은 꿈을 이루기 위한 장소로써 집을 활용하기 위해 어떤 습관을 실천하고 있을까?

습관

01

잠자리가 명당인 사람이 최고 행운아다

우리는 인생의 3분의 1을 잠자는 데 사용한다. 즉 침실에서 수면을 취하는 시간은 생각보다 막대하며 그런 만큼 집 안 공간에서 침실 환경은 무척이나 중요하다.

일에서 능력을 발휘하여 지속적으로 성공을 거두는 사람들은 대체로 수면 환경에 막대한 투자를 들이고 양질의 잠을 자려고 노력한다. 잠에 탐욕스러울 정도다. 특히 일이 많다고 해서 잠자는 시간을 줄이거나 쓸데없이 밤을 새우지 않는다. 가급적 낮에 효율적으로 일해 업무를 마치고, 밤에는 반드시 잠을 자려고 한다. 사람에게 있어 잠은 육체적인 피로를 풀어줄 뿐만 아니라, 뇌의 피로까지 회복시켜주는 고마운 에너지원이다. 그래서 잠을 푹 자면 집중력과 의욕이 높아져 성과를 거두는 데 도움이 된다. 더불어 잠은 면역력을 높이고 노화나 질병도 예방한다.

내가 아는 유명한 상장 기업의 오너는 한 줄기 빛도 들어오지 않는 컴컴한 방에서 모든 소리를 차단한 채 잠을 잔다. 그는 일본이든 해외든 세계 어느 곳에 출장을 가더라도 호텔에 의뢰를 해 반드시 집과 동일한 수면 환경을 만든다. 그렇게 함으로써 단시간 안에 잠을 청하고 양질의 수면을 취한다. 극단적으로 보일 수도 있겠지만, 이는 단지 탐욕스러우리만큼 잠에 집착하는 부자들의 일면일 뿐이다. 실제로 수면은 양기(陽氣)가 아닌 음기(陰氣)에 해당하기 때문에 안정적이고 은폐된 장소에서 이루어지는 편이 좋다. 예를 들어 현관이나 주차장, 욕실, 부엌과 가까운 침실에서 잠을 자면 불면증이나 자율신경 실조증을 유발해 피로해지기가 쉽고, 저항력을 떨어뜨려 질병에 노출될 위험이 높다.

다음으로 조금은 특수한 사례인데 내가 존경하는 기업의 오너가 해외로 출장을 갈 때마다 반드시 지키는 수면 습관을 소개하겠다. 그는 지구 반대편에서도 일본 시간으로 생활을 하며 잠을 자기 때문에 시차에 어려움을 겪지 않는다고 고백했다. 예를 들어 보스턴이나 뉴욕과 같은 미국 동부 지역은 일본과 약 13시간의 시차가 난다. 그래서 그곳의 정오는 일본 시각으로 새벽 1시다. 새벽 1시는 사람이 가장 깊게 수면을 취할 수 있는 시간으로, 그는 전 세계 어느 곳이든 일본 시간으로 새벽 1시에 해당하는 시간에는 절대로 약속을 잡지 않고 네 시간 정도 푹 잠을 잔다고 했다. 미국 동부 지역의 경우 저녁 무렵이 되면 일본 시간으로 아침이기 때문에 그때쯤 일어나 업무를 보고 미팅을 한다. 미국의 정부 고관이나 대통령이 아시아를 방문할 때 회의가 대부분 밤 9~10시 사이에 이루어진다는 사실을 눈치챈 사람이 있는가? 그들이 고맙게도 도착하자마자 피곤함을 무릅쓰고 일정을 소화하는 게 아니라, 자국의 시차에 맞춰 움직이기 때문이다. 즉 미국 시간대에 맞춰 숙면을 하고 아침 일찍 개운한 머리로 회의에 임하기 위해 밤 시간을 선택한 것이다.

몸과 마음이 건강한 부자들은 수면의 중요성을 깊게 이해하고 있다. 하지만 사람마다 양질의 잠을 자기 위한 방법은 제각각 다르다. 아침까지 캄캄한 방을 선호하는 사람이 있는가 하면, 커튼을 활짝 열고 쏟아지는 햇살에 눈을 떠야만 컨디션이 좋아진다는 사람도 있다. 다만 공통적으로 침실에 침대보다 더 큰 가구나 전자제품을 두어 침실의 본기능을 잃지 않게 해야 하고, 탁한 기운이 모이는 구석과 벽에서 침대를 살짝 떨어뜨려 배치해야 한다는 점을 잊지 말아야 한다. 또 전기 콘센트를 너무 가까이 두면 전자파와 침대 매트 스프링 사이에 자장(磁場)이 형성되어 신진대사에 좋지 않은 영향을 줄 수 있다. 누구라도 부자들처럼 자신에게 잘 맞는 수면 환경을 찾는다면 심리적 안정감은 물론 몸의 건강까지도 모두 챙길 수 있을 것이다.

습관

02

좋은 사람을 불러 **집 안**에 **기운을 채운다**

넓은 인맥을 자랑하는 부자들은 집을 '인간관계를 다지고 강화하는 장소'로 여기고 사용한다. 이해관계를 떠나 진심으로 신뢰할 수 있는 친구를 사귀려면 집이나 별장에 초대하는 방법이 가장 좋다고 입을 모은다. 집은 사적인 공간으로, 누군가를 집에 초대하는 행위는 곧 '마음을 연다'는 의미다. 사람은 응당 먼저 손을 내밀어주는 사람에게 마음이 가고 그래야만 자연스럽게 깊은 관계를 쌓을 수 있다.

사업을 하는 부자들 대부분은 자신의 집에 직원과 비즈니스 파트너를 초대해 자주 파티를 연다. 그런데 가족 중에는 누군가를 집에 초대하는 일에 반발심을 가지는 사람도 있게 마련이다. 그럴 때는 초대에 앞서 가족에게 '이 사람을 초대함으로써 인생과 비즈니스에 어떤 도움을 받는다'는 점을 세심하게 설명해주어야 한다. 특히 아이들의 경우, 새로운 사람을 만나야만 좋은 자극과 가르침을 받을 수 있다는 점을 알려줄 필요가 있다. 더불어 가족과 함께 '거실은 오픈하지만 방은 공개하지 않는다'는 식의 기준을 의논하여 결정해야 한다. 그러면 가족 모두가 사람을 초대하는 일에 익숙해질 것이다.

집에 누군가를 초대하기에 앞서 부자들은 머릿속으로 '관계 로드맵'을 그린다. 비슷한 업종에 종사하는 사람은 물론이고 언젠가 나에게 도움이 될 만한 다른 업종의 관계자나 목표를 공유하는 동지까지, 초대를 통해 필요한 정보를 얻고 자극을 받는다. 또 '누구와 누구를 만나게 하면 서로 시너지를 낼 수 있겠다'는 생각으로 초대한 사람들 간에 관계까지 신경을 쓴다.

당신이 호스트가 되어 집에 지인들을 초대하고 함께 모이는 자리를 마련하면 집 안 곳곳에 누군가와 만나고 기분 좋은 인연을 맺은 기억이 쌓인다. 그러한 기억은 그 집에 사는 사람들에게 좋은 기운을 불어넣어 생기와 활력을 채워준다. 나아가 기억은 다음에 방문하는 사람들에게까지 이어져 계속 흥미로운 인간관계가 만들어지는 선순환을 낳을 것이다.

다만 집에 누군가를 초대할 때마다 매번 아내에게 음식을 부탁하면 도리어 가족 관계에 흠을 낼 수 있으므로, 상황에 따라 출장 뷔페 서비스를 이용하거나 각자 음식을 조금씩 가져오는 포트럭 파티(Potluck Party)를 여는 편이 좋다.

습관 03

혼자가 되는 장소를 마련한다

근대 프랑스의 수학자 블레즈 파스칼(Blaise Pascal)은 "인간의 불행은 혼자 조용히 집에 있을 수 없기 때문에 발생한다"라는 명언을 남겼다. 물론 사회생활을 하며 마음을 열고 동료들과 교류하는 일은 무척 중요하다. 하지만 그럼에도 성공한 부자들은 마치 파스칼의 명언처럼 반드시 '혼자만의 시간과 장소'를 마련해 휴식을 취하고 사색에 잠긴다. 물론 그렇다고 해서 부자들처럼 거창한 서재나 방을 별도로 확보할 필요는 없다. 가족이 모두 함께 공부하는 방이나 안방 한 귀퉁이에 작은 공간을 만들면 된다. 그도 여의치 않으면 시간을 정해두고 밤 9시부터 11시까지 방 하나를 혼자 사용해도 좋다. 원룸에 혼자 사는 1인 가구의 경우, 조용히 앉아 생각을 정리할 수 있는 사색 전용 의자를 마련하는 것도 한 방법이다.

내가 아는 경영자 중 한 명은 자동차로 출퇴근하는 시간을 혼자만의 귀중한 시간이라 여겨 그 시간을 효율적으로 보내기 위해 차 안을 자기 입맛에 맞게 꾸몄다. 숲속에 들어와 있는 것 같은 기분을 느끼기 위해 젖은 나뭇잎 향기가 나는 방향제를 비치했고, 주변의 소음에서 벗어나 잔잔한 음악을 들으며 명상할 수 있도록 음향 기기를 설치했다. 이밖에도 회사에 근무하는 동안 특정 요일이나 시간대에는 절대로 미팅을 잡지 않고 전화도 받지 않은 채 혼자 생각을 정리하는 사람도 있다. 어쨌든 성공한 부자들은 지위고하나 남녀노소를 막론하고 혼자 생각에 잠길 수 있는 장소와 시간을 마련해 소중히 보낸다.

날마다 일에 쫓기다 보면 자신의 행동을 돌아보거나 미래를 건설적으로 생각할 시간을 잃어버리게 마련이다. 물론 당장 눈앞에 닥친 일에 집중하는 것도 가치 있지만, 앞으로 어떻게 살아야 할지, 향후 내가 꼭 이루어야 할 꿈이 무엇인지를 항상 확인하지 않으면 길을 잃어버리고 만다. 나 역시 부자들을 본받아 일주일 중 하루는 메일과 휴대 전화에서 벗어나 차분하게 생각을 정리하기 시작했다. 그랬더니 일에 치이고 바쁘게 움직였던 때보다 훨씬 더 생산적인 아이디어를 떠올릴 수 있게 되었다.

당신에게 혼자 있을 장소와 시간이 필요하듯이 아내나 아이들에게도 집 안에 자신만의 공간을 마련해주어야 한다. 특히 집에서 오랜 시간을 보내는 주부들은 우울증에 빠질 확률이 높은데, 아내가 주로 혼자 집안일을 하는 주방에 큰 창을 내거나 음향 시설을 설치해 청각을 자극하고 공간적 확장감을 느끼도록 유도하는 게 좋다. 또 작은 테이블에 앉아 창을 바라보며 차 한 잔을 즐길 수 있으면 금상첨화다. 주방을 일하는 장소가 아닌 혼자만의 휴식 공간으로 느껴지게 만드는 것이다. 이런 노력이 더해지면 가족 간에 감정적으로 부딪힐 일이 줄어들고, 각자 자신의 내면을 돌아봄으로써 서로를 배려하는 좋은 관계로 발전하게 된다.

습관 04

라이프스타일에 맞춰 집을 옮긴다

앞서 성공한 부자들은 집을 '자신의 꿈을 실현시켜주는 선행 투자처'로 여긴다고 설명했다. 조금 더 구체적으로 말하자면, 부자들은 장차 자신이 이루고픈 라이프스타일이나 생애주기에 맞춰 집을 고치거나 옮긴다. 예를 들어 아이가 대학에 들어가 다른 도시로 독립을 했다고 가정해보자. 일반적인 부모라면 아이가 언제든 집으로 돌아올 것을 대비해 방을 그대로 두어야겠다고 생각한다. 하지만 설령 졸업 후에 돌아온다고 해도 아이의 방을 4년이나 방치하는 것은 올바른 집 활용 방법이 아니다. 이런 경우에 부자들은 과감하게 아이의 짐을 따로 정리하여 보관하고, 그 공간을 아버지의 서재나 어머니의 취미 공간으로 꾸민다. 즉 나이 든 부모의 생활을 풍요롭게 하기 위한 장소로써 활용해 미래의 삶을 준비하는 것이다. 집에 사는 가족의 라이프스타일과 생애주기에 맞춰 마치 맞춤복처럼 꼭 맞는 공간을 갖는 것, 건축사로서 이것이야말로 내 집을 짓고 꾸미는 진정한 이유가 아닐까 생각한다.

내가 40대 부부의 집을 설계했을 때의 일이다. 그 부부는 언젠가 자식이 장성하여 집을 떠나면 자신들은 별채에서 지내고 안채를 카페로 꾸며 레스토랑을 운영하고 싶다고 말했다. 집을 짓기에 앞서 부부의 꿈을 자세히 듣고는 당장 레스토랑을 열지 않아도 안채를 개방적으로 트이게 만들어 향후 나이가 들었을 때 곧바로 개업할 수 있도록 설계해드렸다. 지금 그 공간은 아이들이 친구를 데려와 놀거나 지인을 초대해 고기도 굽고 술도 마시는 파티 장소로 활용하고 있다. 하지만 앞으로 그 부부는 분명 멋진 레스토랑을 열어 꿈을 실현할 거라 확신한다. 집을 지을 때 사는 사람의 꿈을 담으면 그 꿈을 이룰 가능성이 훨씬 더 높아지기 때문이다.

사실 새집으로 이사한다는 것은 가족 구성원들에게 큰 스트레스로 작용한다. 출퇴근 거리가 멀어지고 이웃이 바뀌며 아이들은 새 학교에서 새 친구를 사귀어야 하기 때문이다. 하지만 의외로 이사를 하기에 앞서 아이들의 의중을 묻지 않고 오직 부모의 결심대로만 강행하는 경우가 많이 있다. 새집에서 새로운 라이프스타일을 즐기며 행복한 삶을 일구기 위해서는 집이 가족 모두의 꿈을 충족시켜야만 한다. 그래서 이사를 하기 전에는 가족 간에 심도 깊은 대화가 절실히 필요하며, 건축사에게 의뢰할 때에도 반드시 상의를 해야만 한다.

자가가 아닌 세를 들어 사는 사람은 비교적 이사를 하기가 수월하다. 이때 집을 단순히 먹고 자는 공간이 아니라 '나를 계속 성장시키는 공간'이라 생각해보면 어떨까? 환경을 바꿔야만 손에 넣을 수 있는 가치가 의외로 많다. 귀농을 꿈꾼다면 작은 텃밭이 있는 집을 얻고, 작가로 데뷔하고 싶다면 조용한 작업 공간이 있는 집을, 앞으로 아이를 낳아 마음껏 뛰어놀게 하고 싶다면 아파트보다는 단독 주택을 구하면 된다. 그러면 분명 꿈에 한 발 더 가까이 다가갈 수 있다.

많은 사람이 일단 한곳에 자리를 잡으면 이사 자체를 귀찮게 여긴다. 하지만 인생을 내가 원하는 방향으로 끌고 가기 위해서는 집을 자신의 목표를 실현시켜주는 장소라고 여기고, 올바르고 효율적으로 사용해야겠다는 의식을 지녀야 한다.

습관 05

가격만을 따져 **이사**하지 않는다

집을 사거나 전세를 구할 때 일반적으로 사람들은 '가격'을 최우선시하는 경향이 있다. 공간에 깃든 힘이 사람에게 미치는 영향을 모르면 '구조는 같은데 이 아파트가 500만 원 더 싸다', '3월 말까지 계약하면 가격을 깎아준다'는 이유로 잘못된 결정을 내리기 십상이다. 반면 집이 꿈을 담는 장소이자 행복한 기운을 채워주는 곳이라 여기는 사람들은 단순히 가격만을 따져 집을 계약하지 않는다. 금전적인 이점만을 우선시하면 그 집에 사는 즐거움과 그 집만이 가진 매력을 찾지 못하고 하루하루 무미건조한 생활을 하게 된다는 점을 잘 알고 있기 때문이다.

물론 집을 구하는 데 가격은 매우 중요한 요소다. 돈이 아주 많은 부자들도 집을 알아봐달라고 부탁할 때 반드시 가격을 정확하게 설정해 알려준다. 하지만 매달 들어가는 대출금이나 시세차익과 같은 경제적 가치가 '이 집에서 꿈을 이루고 싶다'는 목표보다 앞서서는 안 된다. 만약 내가 원하는 집에 살아 즐겁고 행복하다는 마음이 들면 매달 들어가는 집세나 대출금은 '투자'로 여겨진다. 반대로 난지 금전적인 이득만을 기준으로 집을 선택하면 매달 들어가는 집세로 인해 용돈이 줄거나 여행을 포기할 때마다 불만이 쌓이게 마련이고, 돈 때문에 스트레스가 늘어나 집을 점점 싫어하게 될지도 모른다.

당신도 '싸니까', '세일이라서'라는 이유로 옷이나 신발을 구입했다가 결국 마음에 들지 않아 내팽개쳐두고 버린 경험이 있지 않은가? 반대로 돈은 조금 더 들지만 곰곰이 생각해본 결과 나의 라이프스타일에 잘 어울린다고 판단하여 구입한 물건은 애착도 생기고 더 오래 쓰게 된다.

실제로 〈집 짓기 세미나〉에서 만나 이사를 계획하고 있다고 밝혔던 30대 부부는 몇 년 전 비교적 싸고 방이 넓다는 이유만으로 교통이 편리한 시내를 벗어나 교외에 위치한 단독 주택으로 이사를 했다고 한다. 그런데 산이 가까운 탓인지 이사한 곳은 아침저녁으로 평균 기온이 시내보다 3도나 더 낮았고, 그 때문에 예상치 못하게 가스 비용 부담이 늘어났다고 했다. 게다가 교통비는 두 배로 증가했고, 추위 때문에 아이들이 자주 감기에 걸려 병원에 가는 횟수도 많아졌다. 금전적인 이유로 이사를 했는데, 반대로 다달이 나가는 지출만 많아진 셈이었다. 이런 이야기는 비단 남의 일이 아니다. 집에서 얻는 효과와 미래에 대한 구체적인 그림을 생각하지 못하고 집을 구한 결과, 추가로 드는 비용이나 생각지 못한 문제점 때문에 다시 집을 내놓거나 이사를 계획하는 일은 아주 흔하다.

그래서 이사를 하거나 집을 살 때는 '이 집이 나의 꿈을 실현시켜줄 소중한 공간이 되겠다'라는 확신을 먼저 한 후 결정을 내려야 한다. 그러면 그 집으로 인한 집세나 대출금 부담이 스트레스로 다가오지 않는다. 더불어 집에서 행복한 시간을 보내면서 좋은 기운을 받고 일에 정진한다면 언젠가 반드시 꿈도 이루게 될 것이다.

습관 06

풍수를 **적극 활용**한다

풍수는 주변 환경을 정리하는 것만으로도 인간이 더 행복해질 수 있다고 믿는 사상이다. 풍수를 단지 미신이나 점으로만 치부하는 사람이 있는데, 사실 이는 중국에서 시작되어 '사람이 어떻게 하면 자연과 잘 어울리며 생활할 수 있는지'를 연구하고 정리한 일종의 생활 학문이자 통계다. 풍수나 가상은 각 전문 서적에 상세히 나와 있기 때문에 깊이 공부해보고 싶은 사람은 그 책들을 참고해보길 바란다. 여기에서는 환경을 이용해 일의 능률을 끌어올리고 부를 끌어 모은다는 관점에서 방향과 함께 그 방향이 지닌 힘을 소개하고자 한다.

먼저 집이나 사무실의 중심에서 바라본 동, 서, 남, 북, 그리고 북동, 북서, 남동, 남서쪽을 떠올려보자. 먼저 동쪽은 사람에게 활력을 주는 방향이다. 서쪽은 금전운과 관련한 방향으로 이쪽에서 물을 사용하면 금전운도 함께 흘러가버릴 수 있으므로 주의해야 한다. 남쪽은 재능과 센스에 관련한 방향으로 창의적인 발상을 하기에 적합하다. 따라서 번뜩이는 영감이 필요하거나 예술과 관련된 일을 하는 사람들은 이쪽을 가까이하면 좋다. 북쪽은 어둡고 조용한 이미지로 재산과 같은 중요한 물건을 보관하기에 적합하다.

'귀문'이라 불리는 북동쪽과 남서쪽은 항상 깨끗이 청소를 해두지 않으면 흉한 기운이 일어난다. 북서쪽은 집안 가장의 사업운을 좌우하는 장소로, 한 단계 더 의욕적으로 일하도록 돕는다. 마지막으로 남동쪽은 인간관계를 담당하는 방향으로 이쪽 공간을 정리하면 인간관계가 원만해진다.

보통의 사람들은 가상이나 풍수를 미신으로 여기는 반면, 풍수의 효과를 실감한 부자들은 이를 하나의 중요한 정보원으로 인식하고 집을 지을 때 반드시 고려한다. 만약 집을 바꿀 계획이 있거나 인테리어를 새로 하겠다고 마음먹었다면 위에서 소개한 방향에 따른 배치를 해보는 게 좋겠다. 하지만 리모델링이나 이사할 각오가 없다면, 굳이 풍수를 따져보지 않는 편이 더 낫다. 방 배치를 바꿀 생각이 없는데 나쁜 결과가 나왔다면 '운이 나쁜 집에 살고 있다'는 의식만 남아 오히려 좋지 않은 기억이 축적될 수 있기 때문이다.

[각 방위가 가진 힘]

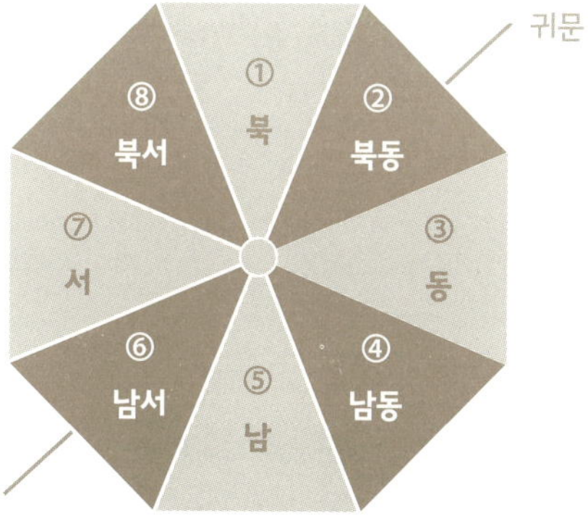

① 북	혼자서 마음을 차분히 정리하기에 좋다. 재산이나 인감을 보관하기에 적합하다.
② 북동	귀문으로 항상 깨끗하게 유지해야 한다.
③ 동	활력과 에너지가 넘치는 방향으로 정보를 수집하거나 자극을 받기에 좋다.
④ 남동	인간관계를 담당하는 방향으로 깨끗이 정리하고 향을 피우면 좋다.
⑤ 남	재능과 센스와 관련한 방향으로 아이디어가 필요한 일을 하기에 적합하다.
⑥ 남서	귀문으로 항상 깨끗하게 유지해야 한다.
⑦ 서	금전운과 관련한 방향으로 물을 흘려보내지 않게 주의해야 한다.
⑧ 북서	사업운에 관련한 방향으로 한 단계 높은 일에 도전할 때 적합하다.

습관 07

남에게 자랑할 만한 장소를 만든다

집을 진심으로 좋아하고, 집을 통해 꿈을 이루는 부자들은 반드시 집 안에 자랑하고 싶은 장소나 물건을 마련해둔다. 그리고 누군가를 초대하면 "이것 좀 보세요"라며 그 장소로 안내한다. 평소에 진중하고 말이 없는 사람이라도 집에 사람이 오면 갑자기 말수가 늘어나면서 자신이 좋아하는 장소를 신나게 설명한다. 집을 지어준 의뢰인의 소개로 또 다른 경영자의 집에 초대받았을 때, 그는 나를 맨 처음 서재로 안내했다. 그러고는 "왠지 이 방에 있으면 일이 잘됩니다. 난관에 부딪힌 문제도 이 방에서 곰곰이 생각을 하면 해결책이 막 떠올라요. 이 책상 어떠세요? 건축사님이 보기에도 좋은가요?"라며 특별 주문 제작한 나무 책상을 자랑스럽게 보여주었다.

또 다른 집주인은 난로 꾸미기에 관심이 많았다. 평소에는 요리를 하지 않지만 홈 파티를 열 때면 아내를 대신해 난로에 피자를 굽고 스튜를 만들어 손님들에게 대접한다고 했다. 대대로 명문이라 불리는 집에 가보면 선조 때부터 내려온 앤티크 의자나 테이블을 소중히 다루고 아직까지도 사용하고 있는 모습을 볼 수 있다. 또 창에서 내다보이는 경치를 자랑하기 위해 응접 테이블을 창가 아래에 놓은 사람도 있었다. 그밖에도 거실에 대형 스크린을 설치해 홈 시어터(Home Theater)를 만든 사람, 샹들리에를 달아 호화롭게 화장실을 꾸민 사람도 있었다. 해외에 있는 부자들의 집을 방문했을 땐 다양한 고서(古書)로 자랑스럽게 꾸며놓은 거실 도서관을 자주 볼 수 있었다.

또 집을 아주 좋아하는 부자들은 자랑하고 싶은 장소 외에도 가구나 인테리어 소품 하나를 살 때조차 '자랑할 만한 것'을 구입하기 위해 심사숙고한다. '싸니까', '금방 부서질 거라서'라는 이유로 타협하기보다는 '그래, 바로 이거야!' 하고 촉이 올 정도로 마음에 드는 물건을 만나야만 지갑을 연다. 자신의 주변에 좋아하는 물건이 가득 차 있으면 그로 인해 긍정적인 기운을 받아 더 의욕적으로 생활할 수 있기 때문이다. 더불어 마음에 드는 물건들 덕분에 집이 더 좋아지는 선순환도 일어난다.

습관 08

집을 사랑해야 집안이 일어난다

수십 년간 부자들의 집을 설계해주며 흥미로운 사실 하나를 깨달았다. 바로 집과 사람의 관계는 '연애하는 남녀의 관계와 비슷하다'는 점이다.

연애 상담 전문가인 지인의 말에 따르면, 연애에는 크게 세 가지 단계가 있다고 한다. 일단 서로 좋아한 지 얼마 되지 않아 상대방이 무엇을 하든 상태가 어떻든 간에 마냥 좋은 '초기 단계', 얼마쯤 시간이 지나고 이상과 현실의 차이가 보이면서 '어? 생각했던 이미지와 다르네'라고 느끼는 '중기 단계', 마지막으로 서로 다른 점만 눈에 들어와 싫증을 느끼는 '권태기 관계'가 바로 그것이다. 만약 처음 느꼈던 열정이 식을 무렵에 상대방에 대해 다시 기대감을 갖고 장점을 찾는다면 연애 관계는 다른 형태로 발전하여 오랫동안 지속되지만, 추구하는 스타일이 다르다는 이유로 상대방 탓만 반복하다 보면 머지않아 파국으로 치닫게 마련이다.

이러한 감정의 변화는 집을 대하는 사람의 마음에서도 똑같이 나타난다. 많은 사람이 집을 사겠다고 결정하면 맨 처음 모델하우스나 주택 전시장을 방문한다. 화려하게 진열된 가구와 전시장 분위기에 매료되어 '이 집 정말 멋있다!' 하고는 한눈에 반해 구입을 결정한다. 바로 이때가 막 연애를 시작한 단계다. 하지만 이내 얼마쯤 지나면 들떴던 마음이 가라앉으면서 '어쩐지 내가 생각한 이미지와 다르군' 하고 느끼기 시작한다. 그런 위화감을 품은 채 아무런 노력을 하지 않으면 집은 점점 나빠지고, '원래 이런 집이었나' 하는 마음에 점점 집에 대한 애정이 식어간다. 물론 처음부터 가족의 라이프스타일에 맞춰 철저하게 계획하고 지은 집일지라도 상황은 마찬가지다.

하지만 집을 어떤 경로나 계기로 마련했든지 간에 집과의 관계를 건강하게 유지하는 사람들은 집에 대한 감정이 식기 전에 앞서 설명한 '자랑할 만한 장소'를 마련하거나, 집의 장점을 재확인하는 등 계속 사랑하고 좋아할 수 있도록 머리를 짜낸다. 이러한 사랑의 기술이 바로 '관리'와 '꾸미기'고, 이것이 곧 풍수 인테리어의 기본이다. 창문에서 내려다보이는 바다가 멋있다고 생각해 이사를 했는데, 몇 년이 지나고 보니 바다 근처에 있는 집은 녹이 잘 슬어버린다는 단점이 눈에 들어왔다고 가정해보

자. 멋진 경치를 바라봐도 이전처럼 설레지 않는다면 권태기를 없애줄 새로운 아이디어를 구상하면 된다. 마당에 테이블과 의자를 놓고 점심을 즐기거나, '야경이 멋있어 멀리 나가지 않아도 즐겁다', '근처에 바다를 좋아하는 사람이 있어 좋은 친구를 사귀었다'는 등 다른 장점에 눈을 돌려야 한다. 더불어 집 내부에 좋아하는 물건을 채워 생기 넘치는 기운을 받거나 불필요한 물건을 버려 흉한 기운을 내보냄으로써 집과 좋은 관계를 유지할 수도 있다.

인간관계도 서로의 친밀함만을 믿은 채 아무런 노력을 하지 않으면 분명 금이 가고 만다. 집도 마찬가지다. 좋아하기 때문에 소중히 여기고, 계속 좋아지려고 노력해야만 집 안에 긍정적인 기운이 돌아 집안이 일어나게 될 것이다.

습관 09

불필요한 서재는 없느니만 못하다

남자들은 대부분 혼자 책을 보거나 사색에 잠기는 공간, 즉 '서재'에 대한 로망을 품고 있다. 그런데 유감스럽게도 실제 서재를 만든 집의 90퍼센트 이상이 그 공간을 서재로써 활용하지 못하고 창고나 헛방으로 이용하고 있다. 서재를 두어 무엇을 할지, 또 어떻게 되고 싶은지를 명확하게 구상하지 않았기 때문이다. 아내나 아이들도 남편이 목적을 가지고 개인적인 공간에서 시간을 보내면 이해를 한다. 하지만 아무런 이유 없이 서재에 틀어박혀 나오지 않는다면 대화가 끊기고 소외된 기분이 들어 관계가 나빠지게 된다. 그래서 목적이 없는 서재는 아예 없느니만 못하다.

그런데 '습관03'에서도 설명했듯이, 성공한 부자들은 집 안에 반드시 혼자가 되는 공간이나 서재를 마련해두고 잘 활용하고 있다. 그들은 서재에서 해야 할 일과 하고 싶은 일을 명확하게 설정해두고 가족에 대한 배려까지 보여주기 때문에 오히려 가족의 응원을 받으며 그 공간을 활용한다. 더불어 부자들은 자신의 서재를 만들기에 앞서 집에서 가장 오랜 시간을 보내는 아내를 위해 그녀만의 공간을 마련해주기도 한다. 여유 공간이 있으면 아내가 혼자 생각하고 집안일을 할 수 있게 다용도실을 만들어주고, 여유 공간이 없더라도 마음 편히 있을 장소를 마련한 다음에 자신의 서재를 만든다. 물론 아이들에게도 마찬가지다. 초등학교를 졸업한 정도의 아이들에게는 혼자 공부를 하고 취미 활동을 할 수 있도록 독립적인 공간을 마련해준다.

이 책을 읽는 남자라면 서재에 대한 로망을 품기 전에 그곳에서 무엇을 할지 먼저 생각해보길 바란다. 더불어 아내와 아이들에게도 그런 공간을 만들어주면 분명 심리적 안정에 큰 도움을 받을 수 있다. 이런 고민을 거친 뒤 서재를 만들면 서재가 나의 희망과 꿈을 이루게 도와주는 공간으로써 제 역할을 다할 것이다.

습관 10

지자기에 따라 **공간**을 **활용**한다

앞서 사람과 집의 관계는 연애를 하는 남녀관계와 비슷하다고 말했다. 그래서 서로가 계속 노력해야만 오랫동안 좋은 관계를 유지할 수 있다. 그러면 막연히 노력만 하면 될까? 사실 집도 사람처럼 각각 성격이 존재한다. 집을 좋아하고 잘 활용하는 사람들은 이러한 '집의 성격'을 파악하고 어울리고자 노력한다.

그렇다면 도대체 집의 성격이란 무엇일까? 우선 집은 같은 아파트일지라도 입지나 구조가 다르고 채광이나 통풍 정도도 다르다. 물론 보이는 풍경도 다르고 땅으로부터 받는 기운도 다르다. 이 중에서 집의 성격에 가장 큰 영향을 미치는 것은 바로 '지자기'다. 앞에서 말했듯이 지자기가 교란되면 사는 사람의 몸과 정신 상태에 좋지 않은 영향이 미친다. 즉 마음이 계속 불안하고 에너지가 저하된다. 지자기는 나침반으로 간단히 측정할 수 있는데, 나침반을 들었을 때 바늘이 북쪽을 똑바로 가리키지 않고 여기저기 다른 방향을 향한다면 지자기가 교란된 상태라고 볼 수 있다. 대체로 지자기의 상태는 집 안 공간에 따라 천차만별이다. 나는 이런 상태를 통틀어 집의 성격이라 부른다.

예부터 조상들은 온전한 터에 집을 짓고 살아야 재물이 모이고 훌륭한 인재가 태어난다고 믿었다. 집터의 기는 훼손되어서는 안 된다는 풍수적인 관점에서 볼 때, 고층 아파트보다는 저층 아파트나 단독 주택이 살기에 더 좋다. 실제로 지자기가 교란되면 생활 의욕이나 집중력이 떨어지는데, 이를 보완하기 위해서는 공간마다 관엽 식물을 놓아두는 편이 좋다. 땅의 기는 흙을 따라 흐르고 흙에 머물기 때문에 집 안에 식물을 많이 두거나 베란다에 화단을 꾸미는 것이 지자기를 회복하는 최고의 묘략이다. 특히 아파트는 층수가 높을수록 지자기를 교정하기가 쉽지 않은데, 이럴 때는 집의 성격에 맞게 공간 활용 방법을 개선해보는 게 좋다. 예를 들어 나침반 바늘이 홱 도는 방은 창고나 헛방처럼 물건만 쌓아두는 방으로 활용한다. 지자기가 안정적인 공간에는 아이들의 책상을 두어 공부방으로 꾸미거나 부부의 침실로 활용하면 좋다. 이처럼 지자기에 따라 공간을 배치하면 집의 성격과 잘 어울릴 뿐 아니라 건강까지도 잘 관리할 수 있다.

습관 11

온도와 습도로 일의 능률을 끌어올린다

집이 하루 동안에 소모한 에너지를 충전해주고 기를 보호하는 곳이라는 관점에서 볼 때, 온도와 습도를 적절하게 관리하는 일은 무척이나 중요하다. 최근에는 정부의 에너지 절약 정책에 따라 실내 적정 온도를 여름에는 25~28도, 겨울에는 18~20도 정도(한국 기준-편집자 주)로 설정하려는 움직임이 일고 있다. 물론 지구를 지키기 위해 에어컨이나 난방 사용은 필수적으로 자제해야 하지만, 사실 그 정도의 온도에서는 일의 능률을 높이기 어렵다. 일반적으로 생산성을 향상시키기 위한 최적의 실내 온도는 '24도'이기 때문이다.

실제로 24도에서 1도씩 내려갈 때마다 작업 효율은 2퍼센트씩 떨어지고, 20도로 유지되는 사무실에서는 실수가 속출했다는 조사 결과가 있다. 당연히 여름과 겨울에는 정부에서 실시하는 다양한 절약 캠페인에 따라야 하겠지만, 지나치게 춥거나 더운 환경에서는 집중력과 생산성이 떨어진다는 점도 잊지 말아야 한다.

또 실내 온도가 16도로 떨어지면 호흡기 장애나 심질환과 같은 심각한 건강 이상이 나타난다. 그래서 미국에서는 주에 따라 주택 실내 최저온도를 정해두고, 16도 이하가 되면 벌금을 물리는 곳도 있다. 독일을 중심으로 한 에너지 절약 선진국에서도 추위와 건강의 상관관계에 대한 연구가 활발히 진행되고 있고, 전 세계적으로도 '집이 추우면 위험하다'는 인식이 확산되고 있다. 그런데 왜 그런지 우리는 '조금 추워야 머리가 맑아지고 집중이 잘된다'는 생각에 겨울에도 집이나 사무실을 서늘하게 관리한다. 온도와 생산성과의 관계에 대해 잘 알고 있는 한 경영자는 "전기세가 들더라도 24~25도로 사무실 온도를 맞추면 사원들의 집중력이 높아지고 더 활발하게 업무에 임합니다. 사실 그 편이 훨씬 더 돈을 절약하는 방법이지요"라고 말했다.

온도뿐만 아니라 습도에도 주의를 기울여야 한다. 어느 계절이든 사람이 느끼는 가장 쾌적한 습도는 40~60퍼센트다. 습도를 관리하지 않으면 여름에는 70퍼센트 이상, 겨울에는 30퍼센트 이하가 되어 쉽게 불쾌해진다. 온도와 마찬가지로 습도 역시 건강과 관련이 깊다. 독감 바이러스를 공기 중에 퍼트린 뒤 습도에 변화를 주어 바이러스의 생존율을 측정하는 실험을 했는데, 온도를 21~24도, 습도를 20퍼센트로 설정하자 6시간 뒤 바이러스의 생존율이 60퍼센트에 달했다. 반면 온도는 그대로 유지하고 습도를 50퍼센트로 바꾸었더니 생존율이 3~5퍼센트로 급격히 하락했다. 이처럼 실내 습도가 50퍼센트 이하로 낮아지면 집 안 공기로 인해 독감과 같은 바이러스 질병에 걸릴 확률이 상당히 높아진다. 많은 사람이 집을 가꾸고 관리할 때 온도와 습도를 미처 체크하지 못하는 경우가 많은데, 일을 잘하는 사업가나 성공한 부자들은 여기까지도 신경을 쓰고 일의 능률을 끌어올린다는 사실을 잊지 말아야 한다.

습관 12

식탁과 **거실**에서 **가족의 행복**을 높인다

가족과 더 깊이 있는 대화를 나누고, 서로를 이해하며 응원하는 관계로 발전시키기 위해서는 식탁과 거실을 잘 활용해야 한다. 매사가 바쁜 부자들은 내게 집 설계를 의뢰하면서 "잠시 짬을 내어서라도 가족과 원만하게 대화하고 교류할 수 있는 주방과 거실을 만들어주세요"라고 부탁한다.

먼저 식탁이 있는 주방은 기능적으로만 볼 때 식사를 하는 공간이다. 하지만 식사를 단지 영양을 공급하기 위한 행위로만 생각해서는 안 된다. 누군가와 함께 식사를 하는 행위에는 '생존을 위해 음식을 먹는다'는 본능적인 행동과 함께, 생활의 일부를 공유하고 서로 마음을 터 깊은 관계를 다지는 '사회적 기능'도 포함되어 있기 때문이다. 친해지고 싶은 사람에게 "언제 한번 같이 식사해요", "한잔하러 가시죠"라고 권하는 이유도 그 때문이다. 그런 점에서 집 안의 '식탁'은 특히 아이들에게 음식을 먹으며 사람들과 좋은 관계를 구축하고 올바르게 커뮤니케이션하는 법을 가르치는, 즉 자녀 교육에 큰 영향을 미치는 공간이라 할 수 있다. '밥상머리 교육'이라는 말도 있듯이 식탁은 항상 정갈하게 유지해야 하고, 각이 진 식탁보다는 원형 식탁을 두어 서로 얼굴을 마주보고 대화할 수 있도록 유도하는 인테리어가 좋다. 반면에 거실은 가족이 모여 서로 즐겁게 의견을 주고받는 장소다. 거실에서 아이들은 부모와 조부모, 또는 부모의 친구 등 나이와 성별이 다양한 사람들과 모여 어울리는 법을 배운다. 즉 사회생활의 기본이 되는 장소인 셈이다.

부자들이 식탁과 거실을 어떻게 활용하는지 면면이 들여다보면, 확실히 보통 사람들과는 다른 의미로써 다룬다는 점을 절실히 깨닫는다. 식탁(주방)은 가까운 사람들과 속내를 이야기하고 일이나 인간관계에서 오는 고민을 상담하기에 좋은 장소인 만큼, 밥을 먹으며 아내나 아이들의 속내를 듣고 해결해나가는 곳으로 사용한다. 거기에서 아이들은 사람의 마음을 느끼는 일이 커뮤니케이션과 관계에 있어 얼마나 중요한지를 저절로 깨닫는다. 거실의 경우, 텔레비전이나 책을 보며 그에 대한 감상을 말하거나 토론하는 장소로 사용한다. 아이들이 자발적으로 대화에 참여하도록 함으로써 자립심을 키워주고, 가족 간의 관계적 균형을 유지하는 데에도 효과적이다.

습관

13

비우고 버림으로써 **생기**를 불어넣는다

'습관08'에서는 집을 사랑하려고 노력할 때 집으로부터 좋은 기운을 받아 행복해진다고 소개했다. 집과 좋은 관계를 맺는 사람은 집에 애착을 갖기 위해 노력함과 동시에 몸과 마음을 쾌적하게 유지하기 위해 어떻게 할지를 항상 고민한다.

사실 집 안 인테리어를 할 때 가장 먼저 해야 할 일은 바로 '비우고 버리기'다. 쓰지 않는 물건은 버리고, 남은 물건은 제대로 수납하여 정리하며, 채광과 통풍이 잘되도록 하는 일이 우선이다. 집 안에 쌓아둔 물건 중에 6개월 이상 사용하지 않았거나 앞으로도 사용할 일이 없는 물건은 버리는 게 상책이다. 한번 우리 집의 방과 거실, 주방과 현관을 둘러보고 왠지 마음을 불편하게 만드는 물건이나 가구가 있지는 않은지 잘 살펴보길 바란다. 단지 가격이 비싸서 아깝다는 생각에 사로잡히지 말고, 내 마음에 안정과 평안함을 주는 물건인지를 잘 따져봐야 한다. 그리고 아니라면 버리면 된다. 수납을 할 때도 계절에 맞게 잘 정리하되, 선반이나 서랍을 너무 꽉 채우면 좋은 기운이 흐를 공간까지 막아버리므로 주의해야 한다.

과거에 비해 현대 사회에는 물건이 넘친다. 부자들 역시 우리와 마찬가지로 꼭 필요하지 않은 물건임에도 당장의 소유욕에 사로잡혀 고가의 물건을 사 모으기도 하고, 쇼핑으로 스트레스를 풀기도 한다. 하지만 물건은 소유의 대상이 아니라 '이용의 대상'이다. 물건에 집착하면 점점 더 마음이 불편해지고, 집 안도 어질러지게 마련이다. 시간이 날 때마다 창문을 열어 환기를 시키고, 좋아하는 음악을 틀어놓은 채 청소기를 돌려보자. 만약 마음을 불편하게 하는 물건임에도 버릴 수 없다면, 자기 스타일로 바꿔보는 것도 방법이다. 낡은 의자 커버를 바꾸거나 선반에 진열한 물건을 교체하고 새 커튼을 달아도 좋다. 의식적으로 항상 '마음 편한 집 상태'를 만들려고 노력한다면, 십 년 묵은 체증이 다 내려가는 듯한 공간을 완성할 수 있다.

습관 14

화장실을 **청소**해 **금전운**을 모은다

내가 방문한 부자들의 집은 하나같이 화장실이 아주 깨끗했다. 어제 막 새 아파트로 이사온 양 반짝반짝 빛났고 누워서 잠을 잘 수도 있을 만큼 청결했다. 게다가 마치 남에게 드러내놓고 자랑이라도 할 기세로 공을 들였거나, 방이나 거실과 인테리어가 자연스럽게 통일되어 있었다. 앞서 집을 잘못 사용하면 부정적인 에너지를 받아 일이 잘 풀리지 않는다고 설명했는데, 이 말은 곧 평소 생활과 마음가짐이 어수선한 사람은 집 상태도 더럽고 혼란스럽다는 의미기도 하다.

화장실은 그 집에 사는 사람의 심리 상태를 나타내는 대표적인 공간이다. 화장실이 지저분한 집에 사는 사람은 마음속에 여러 가지 고민이나 갈등이 있게 마련이고, 매사에 집중도 잘하지 못한다. 반대로 화장실을 청결하게 관리하는 사람은 마음이 안정적이고 온화한 경향이 있다. 그래서 화장실을 보고 집주인의 능력과 길흉을 판단한다는 이야기가 있다. 더불어 남에게 화장실을 자신 있게 보여줄 수 있는 사람은 해야 할 일을 미루지 않고 제때에 분명하게 해내는 성향이 있어서 매사에 자신감이 넘치고 일에 있어서도 높은 능력을 발휘한다.

일반적으로 풍수학에서는 '화장실을 깨끗이 하면 금전운이 상승한다'고 말한다. 화장실은 집 안에서 물이 가장 많이 흐르는 장소로, 다른 곳에 비해 습하고 무거운 기류를 만들어낸다. 이 때문에 환기와 통풍이 잘되는 구조로 만들어야 기의 흐름이 원활해지고 건강운과 재물운이 들어온다. 또한 사람의 배설물을 받아주는 변기는 액운이 모이기 쉬운 장소로 항상 뚜껑을 닫아두어야 나쁜 기운이 집 안에 퍼지지 않는다. 종종 빨래를 하거나 목욕을 하고 남은 물을 욕조에 담아두거나 방치해두는 경우가 있는데 이 역시도 이미 사용한 물이기 때문에 기운이 좋지 않으므로 빨리 버리는 편이 좋다. 실제로 내가 만난 많은 부자들 중에는 화장실을 깨끗이 함으로써 성공을 거두었다고 이야기한 사람도 있다. 개인적으로는 남들이 꺼리는 화장실 청소를 묵묵히 함으로써 겸허한 태도를 갖게 되고, 그로 인해 주변 사람들로부터 인정과 도움을 받지 않았나 싶다. 만약 '어? 화장실이 더럽잖아'라고 느껴진다면 내 마음이 지치고 나태해졌다는 뜻이므로 지금 당장 화장실을 청소해보도록 하자.

습관 15

부모만 앉는 **전용 의자**를 둔다

일반적으로 아버지는 어머니에 비해 집에서 가족과 함께 보내는 시간이 많지 않다. 요즘에는 맞벌이 부부가 늘어남에 따라 어머니조차도 과거에 비해 아이들과 많은 시간을 보내지 못하는 게 현실이다. 이런 경우에 아이들은 부모로부터 구체적인 사정을 듣지 않는 이상 부모가 밖에서 어떤 일을 하고, 가족을 먹여 살리기 위해 얼마나 노력을 하는지 알기가 어렵다. 평소에 부모를 존경하고 어른을 공경하도록 가르치는 일도 중요하지만, 집안 가구를 잘 활용함으로써 부모의 존재감을 높이고 집안 서열까지도 바로잡을 수 있다. 바로 소파나 식탁 의자에 부모만 앉는 자리를 지정해두는 것이다.

부자들의 집에 가보면 집안의 어른이나 부모만 앉는 특별한 자리가 있어서, 이 의자는 손님이 와도 앉지 못하게 한다. 또 아이가 무심코 앉으려고 하면 어른이 나서서 "거기는 누구의 자리니까 앉지 말거라"라고 주의를 준다. 그러면 아이는 자연스럽게 부모가 얼마나 중요하고 존경받아야 할 존재인지를 깨닫게 된다. 의자뿐만이 아니다. 예부터 우리 조상들은 '가장이 제일 윗자리에 앉는다', '가장만 사용하는 수저를 따로 둔다', '가장이 수저를 들기 전에는 아이들이 먼저 식사를 하지 않는다'는 등 집에서 적극적으로 서열 교육을 해왔다. 사실 오늘날의 가정에서는 이처럼 부모를 특별 대우하지는 않지만, 그래도 한 집안의 어른을 대접하고 응원해준다면 자부심과 자신감이 생겨 집 밖에서의 일도 순탄하게 풀리게 마련이다.

습관

16

가장 편리한 **가사 동선**을 **계획**한다

부자들은 집을 짓거나 이사를 하기에 앞서 철저하게 '가사 동선'을 고려한다. 물론 대다수의 부자들은 집안일 전반을 가사 도우미에게 맡긴다. 이때는 사적인 구역과 가사도우미가 다니는 동선을 명확하게 나누어 사생활 침해를 막는다. 도우미 없이 집안일을 가족이 스스로 하는 경우, 가사 동선은 더욱 중요하다. 요리를 하고 식탁에 가져가는 동선, 세탁기와 빨래 건조대의 거리, 홈 파티를 열 때 손님이 드나드는 문과 요리를 준비하는 공간의 거리 등을 면밀히 구상하고 적용해 자칫 스트레스가 될 수 있는 집안일을 빠르고 효율적으로 처리한다. 사실 가사 동선이 그다지 중요하지 않다고 여기는 사람도 많지만, 요즘에는 아파트 시공사들이 주방을 'ㄷ' 자로 배치하거나 보조 주방을 만들어 주부들의 가사 효율을 높이고 집값도 오르는 경우가 많이 있다. 무엇보다도 가사 동선이 정리되면 아내의 만족도가 높아져 부부 관계도 개선된다.

그에 반해 일반적으로 사람들은 집 안을 꾸미거나 가구를 배치할 때 가사 동선을 크게 의식하지 않는다. 예를 들어 욕실 주변에 속옷이나 수건을 수납하는 장을 놓지 않아 샤워를 하기 전에 자꾸만 방을 들락날락거린다든지, 비가 드는 곳에 빨래를 말려 갑작스럽게 비가 내리면 다시 빨래를 하거나, 조리대와 식탁 사이에 물건을 두어 빙 돌아가는 등 의외로 공간을 비효율적으로 사용하는 모습은 생각보다 흔히 접할 수 있다.

이러한 비효율성을 개선하려면 먼저 '편하지 않다'는 사실을 인식해야 한다. 그러면 비로소 구체적인 대책을 강구할 수 있다. 집안일을 하며 불편했던 적이 있다면 그냥 넘기지 말고 적극적으로 개선해보자. 일단 가사 동선을 정리함으로써 스트레스가 감소하면 가족, 특히 그중에서도 아내의 기분이 좋아지고 전반적인 가족 관계가 개선되는 선순환이 발생한다. 만약 집 안에 가구가 심하게 꽉 들어차 있어 동선을 바꾸기 어렵다면, 먼저 불필요한 물건이나 자주 쓰지 않는 물건부터 버리고 정리 · 수납 전문가의 상담을 받기를 추천한다.

습관 17

영감을 주는 장소를 찾는다

제4장에서는 성공한 부자들이 집을 어떻게 활용하여 인생에 도움을 받았는지 실제 사례들을 소개했다. 마지막으로 부자들은 집 이외의 공간도 마치 집처럼 자신에게 맞게 효율적으로 활용하고 있다는 이야기로 이번 장을 마치고자 한다. 큰 사업과 부를 일군 사람일수록 세계 곳곳에 자신이 좋아하는 장소를 가지고 있고, 그에 맞는 라이프스타일을 즐긴다는 점도 건축사로서 무척 흥미로웠다.

가까운 예부터 소개하자면, 그들은 마음에 드는 카페나 호텔 라운지 두세 군데를 정해두고 중요한 미팅 때마다 그곳을 이용한다. 또 자주 기차를 타고 출장을 간다면 '특실'을 예약해 깊은 생각이 필요한 업무나 기획거리를 처리한다. 출장이 잦은 관리직 종사자 중에는 아예 옆자리까지 모두 예약을 해서 철저히 집중할 수 있도록 사무실처럼 꾸미는 사람도 있다. 또 어떤 경영자는 자동차를 운전하면 좋은 발상이 떠올라 아이디어가 필요할 때마다 무작정 차에 올라타 한적한 도로를 내달린다고 했다.

이처럼 내가 만난 성공한 부자들은 달리는 기차 안에서 기획안을 작성해 승진했거나, 호텔 라운지에 가서 매년 새해 계획을 노트에 적거나, 집 근처 도서관에서 책을 써서 베스트셀러 작가가 되었거나, 피트니스 클럽에서 땀을 흘린 뒤 샤워를 하며 아이디어를 떠올리는 등 저마다 자기가 좋아하고 즐겨 찾는 외부 공간에서 성공의 밑바탕을 다졌다.

부자들이 어느 곳에 가서 영감을 얻는지 곧이곧대로 알고 따라 할 필요는 없다. 사람에게는 저마다 궁합이 맞는 장소가 따로 있게 마련이다. 사우나를 하면 아이디어가 떠오른다는 사람이 있는가 하면, 공원을 산책하면 의욕이 생기는 사람도 있다.

그래서 자기 나름대로 집 이외의 장소를 찾아 그곳이 어떤 영향을 주는지 분석할 필요가 있다. 필요할 때마다 그곳을 이용하면 분명 공간으로부터 큰 도움을 받을 수 있을 것이다. 먼저 의도적으로라도 각 장소를 시험 삼아 이용해보는 일부터 시작해보는 건 어떨까?

제5장

지금 바로 시작하는 생활 속 공간 활용법

•
•
•

사람은 저마다 개성이 다르고 다른 시각으로 세상을 본다. 따라서 집을 꾸밀 때도 자신에게 적합한 처방전을 마련해야 한다. 하지만 그럼에도 심신의 안정을 위해 꼭 지켜야 할 보편적인 법칙은 존재한다. 이번 장에서는 건축사로서 집을 설계하고 지을 때 반드시 고려하는 공간 활용 팁을 제시한다. 물론 이를 그대로 실천하기 위해 집을 옮기거나 새로 살 필요는 전혀 없다. 같은 집이라도 마음먹기에 따라 나에게 도움을 주기도 하고, 해를 끼치기도 하기 때문이다.

마음이 편안해지는 장소를 적는다

지금 살고 있는 집을 크게 뜯어고치거나 돈을 들여 이사하지 않아도 분명 공간의 좋은 기운을 극대화시킬 수 있다. 먼저 주로 생활하는 집이나 사무실 공간 중에서 마음이 편안한 장소와 그렇지 않은 장소를 명확하게 구분해보자. 집 안에서 왠지 기분이 울적해지는 방은 없는가? 사무실 공간 중에서도 유독 집중하기가 힘든 자리나 회의실은 없는가? 반대로 이상하게 이 공간에만 있으면 마음이 안정된다거나 항상 즐거운 이야기꽃이 피는 장소가 있지 않은가?

자기와 궁합이 잘 맞는 장소를 찾을 때도 머릿속으로만 떠올리지 말고 직접 노트에 적어 정리해보면 공간에 대한 감정과

내 마음 상태를 더 정확히 파악할 수 있다. 기록을 하면 평소에는 신경 쓰지 않았던, 마음이 편안한 장소와 그렇지 않은 장소를 더 명확하게 인식할 수 있기 때문이다. 내 마음 상태를 면밀히 관찰해본 후 불쾌해지는 장소가 있다면 웬만하면 그곳을 피하도록 하자. 상사와 미팅을 할 때 긴장이 배가되고 아무리 노력해도 분위기가 험악해지는 회의실은 가급적 이용하지 말거나 공간 배치를 바꿔보아야 한다. 그러면 평소와 달리 공간을 맴도는 기운의 흐름이 바뀌었음을 느끼게 될 것이다. 집도 마찬가지다. 왠지 여기에만 있으면 생각이 어두워진다거나 계속 잠이 쏟아져 의욕이 뚝 떨어지는 공간이 있다면 가구의 위치를 바꾸어 생기를 끌어올리거나, 짐을 쌓아두는 용도로만 사용해야 한다.

나침반으로 **지자기**를 확인한다

앞에서도 이야기했듯이 지자기가 교란되어 있으면 우리의 몸뿐만 아니라 집중력이나 업무 능률에도 악영향을 미친다. 지자기를 측정하는 방법은 의외로 간단하다. 자석 바늘이 있는 나침반을 하나 준비하여 방과 책상 주변, 사무실을 돌아다니며 바늘의 움직임을 관찰해보면 된다. 북쪽을 향해 서서 나침반을 들어 올렸을 때 바늘이 올바르게 방위를 가리키면 그곳은 지자기가 안정되어 있다고 봐도 좋다. 만약 바늘이 심하게 흔들리거나 나침반을 가만히 두었는데도 바늘이 홱 하고 돈다면 그 장소는 지자기가 교란되어 있으므로 특별한 조치가 필요하다.

지자기를 확인할 때는 몇 가지 주의할 점이 있다. 먼저 방이곳저곳을 돌아다니며 잴 필요는 없다. 네모난 방이라면 네 귀퉁이와 중앙, 그리고 기둥 주변을 집중적으로 살피길 바란다. 두 번째로 지자기는 조사하려는 장소의 바닥에서 약 1.5미터 정도 높이까지 나침반을 위아래로 움직여봐야 제대로 측정할 수 있다. 평소에 우리는 바닥이 아닌 의자와 침대 생활을 하기 때문이다. 신기하게도 바닥에서는 꿈쩍 않던 바늘이 수직으로 들어 올렸을 때 크게 움직이는 경우도 있고, 반대로 바닥에서는 지자기가 심하게 교란되어 있는데 공중에서는 움직이지 않는 경우도 많다.

집뿐만 아니라 사무실 책상 주변도 나침반으로 지자기를 체크해보길 바란다. 어디에 지자기가 교란되어 있는지를 확인한 뒤 그곳에 머무르는 시간을 줄이거나 관엽 식물을 놓아 땅의 기운을 보충하면 좋다.

기둥 옆을 피해 앉는다

철근 콘크리트 기둥 주변은 십중팔구 지자기가 교란되어 있다. 그런데 최고급 호텔 라운지에서조차 이러한 사실을 알지 못하고 기둥 옆에 소파나 의자를 배치해둔 곳이 많다. 아무리 분위기가 좋고 시설이 호화로울지라도 중요한 미팅을 할 때는 가급적 기둥 옆을 피해서 앉아야 한다. 건물을 지을 때 철근 콘크리트 기둥을 아예 만들지 않을 수는 없지만, 그래도 나는 사무실이나 회의실을 설계할 때는 기둥 주변에 사람이 앉는 공간을 만들지 않으려고 한다.

지자기가 교란된 장소에 있으면 왠지 모르게 정신이 흐트러지고 상대방의 이야기에 집중하기가 어렵다. 나아가 누군가와 함께 있다는 사실마저도 불편하게 느껴진다. 만약 중요한 고객과 처음 미팅을 하는데 기둥 주변에 앉는다면 당신의 첫인상은 고객에게 다소 거북하게 비춰질 가능성이 있다. 게다가 주의력까지 산만해지기 때문에 평소처럼 유창하게 말하지 못하고 좋은 성과를 얻기가 어렵다.

그저 습관처럼 회의실에서 기둥 옆에 자주 앉았는데 미팅이 원활하게 진행되지 않았거나 매번 상사에게 혼이 났다면 먼저 자리를 옮겨 앉아보도록 하자. 더불어 집에서도 소파나 침대, 공부하는 책상과 같이 사람이 오래 머무는 가구는 기둥을 피해 배치하는 편이 좋다.

공간에 깃든 나쁜 기억을 뒤집는다

회사에는 왠지 모르게 음산하거나 분위기가 험악해지는 회의실이 하나쯤 있게 마련이다. 하지만 회의실 수는 한정적이고 부서마다 지정되어 있는 경우가 많아 어쩔 수 없이 그곳을 계속 사용해야만 한다. 실제로 사옥 인테리어를 의뢰받아 출장을 나가보면 일이 잘 진행되지 않는 사무실이나 회의실은 다 그럴 만한 이유가 있었다. 창이 하나도 없어 내부의 기운이 외부와 전혀 통하지 않거나, 천장 색깔이 짙고 바닥 색이 밝아 짓눌리는 느낌을 주는 경우, 몇 개의 기둥을 비껴가며 의자를 배치한 인테리어 등 실로 많은 문제점이 있었다. 그런데 가장 중요한 원인은 따로 있었다. 그 공간에 대한 '구성원들의 기억'이 바로 그것이다.

같은 회의실에서 계속 좋지 않은 일이 일어나거나 일이 잘 진행되지 않았다면 그 기억을 뒤집을 만한 강력한 무언가를 배치해야 한다. 예를 들어 리조트 풍경의 포스터나 드넓은 자연 그림 액자를 걸어두면 좋다. 또 가능하다면 포인트 벽지나 시트 스티커를 활용해 벽 한 면의 색을 바꿔도 좋다. 특히 창이 없거나 벽지가 어두운 회의실이라면 조명을 밝게 바꾸길 추천한다. 조명은 직원들의 기분과 건강, 일의 능률에 막대한 영향을 미치는 요소인데, 실제로 사무실이 어둡고 스산하면 직원들끼리 서로 마음을 열고 다가가기가 어렵다. 수명이 다해 깜빡거리거나 고장 난 채 달려 있는 조명은 회사의 사업운을 저해할 수 있으므로 빨리 교체해야 한다.

위에서 소개한 방법도 어렵다면 회의실에 이름을 붙여보는 건 어떨까? 한 출판사에서는 회의실마다 '장크트모리츠'나 '몰디브', '피지'와 같은 세계적인 휴양지의 이름을 붙여 부르고 있다. 그런 이름이 붙어 있으면 회의실에 가는 일이 저절로 즐거워지지 않을까? 예를 들어 "오늘 10시에 제1회의실에서 모입시다"가 아니라 "오늘 10시에 피지에서 회의합니다"라고 말하면 직원들의 기분도 좋아지고 일도 훨씬 더 즐겁게 진행될 것이다.

접지로 **전자파**를 최대한 **차단**한다

전자파라고 하면 보통 사람들은 그저 위험한 것 혹은 가급적 피해야 할 것이라고 막연하게 생각한다. 그런데 실제로 전자파가 우리의 인체와 정신 건강에 미치는 영향은 막대하다. 선진국에서는 머리 가까이에서 사용하는 휴대 전화의 전자파와 뇌종양 발생 위험과의 상관관계에 대해 끊임없이 연구가 이루어지고 있다. 또 임신 중 휴대 전화를 자주 사용한 임산부에게서 태어난 아이가 주의력 결핍이나 과민성 행동 장애를 보이고, 7세 이하의 아이가 사용할 경우 심신 장애가 생길 확률이 80퍼센트까지 높아진다고 경고하고 있다.

휴대 전화뿐만 아니라 일상에서 사용하는 모든 가전제품은 전자파를 내뿜는다. 특히 일을 할 때 주로 쓰는 컴퓨터는 다른 가전제품에 비해 훨씬 더 많은 전자파를 발생시킨다. 장시간 컴퓨터 앞에 앉아 일하는 직장인들 중에는 "얼굴이 점점 뜨거워지고 양쪽 볼에 홍조가 올라왔어요"라며 고통을 호소하는 경우도 많다.

그렇다면 어떻게 전자파를 차단할 수 있을까? 사실 수백 년 전 과거로 돌아가지 않는 이상 전자파를 100퍼센트 차단하기는 어렵다. 조금이라도 전자파를 낮추는 가장 좋은 방법은 바로 '접지 콘센트를 사용하는 것'이다. 우리가 쓰는 전자제품의 전기 효율이 100퍼센트라면, 작동 시에는 90퍼센트만 사용하고 10퍼센트는 기계로 전류를 공급하며 흐르도록 설계되어 있는데, 이때 흐르는 전류가 사람의 몸에 닿으면 감전될 위험이 있고 전자파의 영향을 받게 된다. 그런 위험을 막아주는 것이 바로 접지 콘센트의 역할이다. 최근에 지어진 집은 대부분 접지 콘센트가 설치되어 있지만, 오래된 아파트나 주택에는 아직까지도 비접지 콘센트가 많이 설치되어 있다. 콘센트를 꽂는 부분에 쇠 모양의 금색 집게가 있다면 접지 콘센트, 없다면 비접지 콘센트이므로 신속히 확인해보길 권한다.

주로 노트북을 사용한다면 접지 케이블이 달린 어댑터가 있는지 확인해보고, 그렇지 않은 때에는 연결선을 바꾸어야 한다. 노트북 키보드를 사용할 때 손끝이 찌릿찌릿하다면 필히 확인해 보길 바란다. 최근 젊은 사람들이 많이 쓰는 애플(Apple)의 맥북(Macbook)은 어댑터 연결 부분을 분리하면 동그란 쇠가 나오는데 이게 바로 접지 단자의 역할을 한다.

또 아이들 책상이나 침대 헤드보드에 조명이 부착되어 있는 경우, 콘센트를 꽂아두기만 해도 전자파가 발생하기 때문에 가급적 사용하지 말고 벽 쪽에 조명을 따로 설치하거나 별도의 스탠드를 사용하라고 권하고 싶다.

식물로 공간에 생명력을 채운다

화분은 공간에 흐르는 흉한 기운을 막고 완화시키는 역할을 한다. 식물은 다른 인테리어 소품과 달리 '생명력'을 가지고 있기 때문이다. 실제로 식물은 미세먼지나 매연으로 인해 탁해진 실내 공기를 정화시켜주고, 산소를 공급하며, 자연과 토양이 품고 있는 생명의 기운을 우리 몸에 불어넣어준다. 만약 책상 주변에 전자제품이 많다면 그 주변으로 관엽 식물을 놓아 전자파를 차단하면 좋다. 또 지자기가 심하게 교란되어 있는 공간에는 화분을 두어 안정을 꾀할 수 있다.

식물의 녹색 빛은 눈의 피로도 낮춰준다. 단 인조 식물로는 살아 있는 식물과 똑같은 효과를 얻기 어렵다. 또 식물을 자주

보면 우리 몸에 알파파가 증폭되어 기분이 저절로 편안해진다. 식물을 이쪽저쪽 너무 많이 두거나 사람의 키보다 높은 식물을 두는 일은 경계해야 하지만, 적당히 식물을 배치하면 실내 온도와 습도를 쾌적하게 유지할 수 있음은 물론이고, 곰팡이와 같은 각종 유해 균의 번식도 막을 수 있다.

부자들이 이용하는 **호텔 라운지**를 조사한다

일에서 높은 성과를 거두고 능력을 인정받는 사람들은 대체로 상담이나 미팅, 독서, 집필 등 일의 목적에 맞게 장소를 구분하여 이용한다. 특히 부자들은 호텔 라운지를 자주 이용하는데, 평상시 접대를 하거나 미팅을 할 때 목적과 손님에 따라 여러 군데에 라운지를 정해두고 다닌다. 실제로 나는 '이 사람처럼 성공하고 싶다'거나 '정말 굉장한 분이다'라고 느낀 사람에게는 반드시 "호텔 라운지 중에 자주 이용하는 곳이 있습니까?" 하고 물어본다. 그리고 한 번은 반드시 그 라운지에 찾아가 나와도 궁합이 잘 맞는지를 확인한다. 그렇게 함으로써 내가 미처 몰랐던 좋은 공간을 발견하고, 반복해 찾아감으로써 공간을 내 편으로 만들기도 한다. 내 경험으로 보았을 때 주로 식물 정원으로 둘러싸인 호텔 라운지는 에너지가 좋고 초대한 사람의 만족도도 높아 원하는 결과를 얻은 적이 많다. 참고로 내가 자주 이용하는 호텔 라운지는 고향 히로시마의 '아나 크라운 플라자 호텔', 도쿄라면 '그랜드 프린스 호텔 타카나와', 아카사카[赤坂]의 '뉴 오타니 호텔', 롯폰기[六本木]의 '오쿠라 호텔', 에비스[恵比寿]의 '웨스턴 호텔' 등이 있다. 여행을 가거나 출장 기회가 된다면 꼭 이곳 라운지를 이용해보길 바란다.

호텔이 아니더라도 녹음이나 정원으로 둘러싸인 공간은 사람에게 활력의 에너지를 가져다준다. 한 지인은 내게 "중요한 사람들을 소개받을 때에는 반드시 정원이 보이는 방을 잡는다"고 말했다. 당신도 부자와 만날 기회가 있다면 부디 평소에 어떤 호텔 라운지를 자주 이용하는지 반드시 물어보길 바란다.

집 안에 **취미 공간**을 마련한다

바쁜 경영자나 꾸준히 성과를 내는 사람이라고 해서 24시간 일만 한다고 생각하면 큰 착각이다. 물론 일을 할 때는 120퍼센트 전력을 다해 일에만 집중한다. 그러나 가족과 함께 시간을 보내거나 다른 일을 할 때는 회사 일을 철저하게 생각하지 않는다. 또 반드시 본업과 관계없는 취미를 갖고 집 안에 취미 활동만을 위한 공간을 마련해 하루 동안 가열된 두뇌를 쉬게 한다.

취미라고 해서 반드시 돈을 많이 들이거나 요란스러울 필요는 없다. 아이가 그림을 그리면 자신도 옆에서 창작 활동을 하거나, 식후에 부부가 베란다에서 술을 한잔할 수도 있다. 또 좋아하는 영화나 소설책, 텔레비전 프로그램을 보는 것과 같은 일상적인 휴식도 괜찮다. 일이나 일상 속 여러 골치 아픈 일들을 잊고 다른 일에 몰두할 수 있으면 그것으로도 족하다. 게다가 그 일을 매일 시간을 보내는 집에서 하면 날마다 기분 전환을 할 수도 있고 가족과도 함께할 수 있기 때문에 피로나 스트레스가 더 빨리 해소된다.

집 안에 취미 공간을 마련할 때 좋은 점은 또 있다. 언제든 할 수 있기 때문에 그것이 '습관'이 되기 쉽다는 점이다. 부자들처럼 여유가 된다면 취미 활동을 위한 방을 꾸며보자. 원룸에 살거나 집 안에 공간을 내기 어렵더라도 취미와 관련된 물건을 사두고 집에서 틈틈이 시간을 보내보길 바란다. 거실 한 귀퉁이에 기타를 놓고 그 옆에 작은 의자를 놓기만 해도 취미가 습관이 되고 훌륭한 기분 전환제가 되어줄 것이다.

가정 도서관을 만든다

젊고 창의적인 부자들의 집에 가보면 어김없이 눈에 띄는 곳에 큰 책장이 마련되어 있다. 서재가 있다면야 그곳에 책을 꽂아두기도 하지만, 그와는 별개로 거실과 같이 가족이 주로 모이는 곳에 '가정 도서관'을 만들어 유용하게 활용한다.

책장에 정연하게 늘어선 책등만 봐도 여러 아이디어가 샘솟는 경험을 한 적이 있지 않은가? 나도 뭔가 풀어야 할 과제가 있을 땐 전혀 관계없는 분야의 책 제목을 보고 해결 방법을 떠올린 적이 많다. 여담이지만 나는 한 달에 몇 번씩 서점에 가 책 제목을 보며 아이디어를 구상한다.

가정 도서관은 아이들의 정신적 성장에도 크게 기여한다. 아이가 있는 집에서 가정 도서관을 제대로 활용하기 위해서는 책장에 '아이들이 읽었으면 하는 책'들을 꽂아두면 좋다. 설령 지금 나이에는 읽기 어려운 책이라 할지라도 책이 계속 눈에 띄면 아이는 흥미를 보이고 언젠가는 반드시 읽게 된다. 또 '우리 부모님은 어떤 책을 읽을까?', '이 책에는 어떤 내용이 쓰여 있을까?'라는 생각을 하며 상상력과 사고력도 기를 수 있다. 집 안에 책이 많고 부모가 책 읽는 모습을 자주 접하면 분명 아이들도 책을 좋아하는 어른으로 성장한다.

책에 자극을 받고 성장한 아이들은 자립심도 강하다. 아이들이 자신의 꿈이나 생각을 갖고 그에 매진하다 보면, 자연스럽게 가정 내 불화나 좋지 않은 기운도 해소되게 마련이다. 아이들의 열의에 부모도 감명을 받으면 서로 꿈을 응원하고 도와주는 선순환이 이루어져 부모 역시 능력을 발휘하기가 쉬워진다. 반드시 영화에 나오는 부자들의 저택처럼 벽면 한쪽에 책을 빼곡하게 채울 필요는 없다. 가정 도서관은 가족의 공통된 정보원이자 활력소라 생각하고 거실 내 어디든 책꽂이를 두어 아이의 눈에 책이 계속 띄게 하면 가족 모두 일의 능률이 한층 더 높아질 것이다.

나를 둘러싼 환경에서 독립한다

제3장에서 언급했듯이 환경의 덫에서 탈출하기 위해서는 집으로부터의 완전한 독립이 필요하다. 여기서 말하는 독립이란 반드시 혼자 집을 나와 생활하라는 의미가 아니다. '전적으로 내가 번 돈으로 지금의 라이프스타일을 유지할 수 있는가?' 하는 현실감을 직시하라는 의미다. 본가에서 부모의 도움을 받으며 사는 사람, 회사에서 사택을 제공받아 집세를 내지 않는 사람들은 일반적인 사람들에 비해 집에 대한 의존도가 높다. 또 대대로 집안이 부유해 자산을 많이 물려받은 사람도 마찬가지다. 애초에 가진 돈이 많아 자신의 독립성을 시험해볼 기회가 적었기에 능력을 제대로 마주하기가 어렵다. 하지만 환경이 주는 위험을

피하고, 더불어 독립성을 키우고 스스로 크게 성장하기 위해서는 '내가 얼마나 환경에 의존하고 있는지'를 철저하게 따져보아야 한다. 다음 사례 중 나에게 해당하는 것이 있는지 살펴보자.

A) 지금의 수입으로는 혼자서 살지 못한다.

B) 이 정도의 라이프스타일을 유지할 수 있는 이유는 사택에 살고 집세가 적게 들기 때문이다. 사택에서 이사를 나가면 당장 생활비가 줄어들고 지금처럼 살지 못할까 봐 걱정이 된다.

C) 가지고 있는 부동산과 권리 수입으로 생활하는 데 별 어려움이 없다. 이 때문에 새로운 일에 좀처럼 도전할 의욕이 생기지 않고, 리스크도 감수하고 싶지 않다.

만약 이 중에서 해당하는 사항이 있다면, 그다음으로 환경의 덫에서 탈출하기 위한 구체적 방안을 진지하게 생각해보아야 한다.

A) 본가에서 나와 혼자 생활해보자. 혼자 살 정도의 수입을 얻기 위해서는 모든 수단을 강구하고 실천해야 한다. 그러려면 우선 혼자서 행복하게 사는 사람들을 만나 여러 조언을 들어보아야겠다.

B) 우리 집과 비슷한 수준의 가정에서 매달 지불하는 집세나 대출금이 얼마인지를 알아본다. 지금 집세와 얼마나 차이가 나는지를 따져보고, 혹시 우리 집이 생활비를 과도하게 지출하고 있는 건 아닌지 가계부를 검토한다. 사택

에서 나갈 상황에 대비해 집세의 차액만큼 저축을 해야겠다.

C) 매달 들어오는 고정 수입 때문에 도전 의식이 낮아졌다는 사실을 받아들이자. 생활비 전용 계좌를 만들어 그 금액 내에서만 사용하고, 나머지 돈은 다른 곳에 투자하거나 새로운 사업에 도전하는 자금으로 사용한다. 잘 아는 경영자들을 만나 상담을 받자.

이런 식으로 지금의 환경에 의존하지 않는 상황을 그려보면서 당장 할 수 있는 일을 생각해야 한다. 실천에 옮기기 시작했다면 언제까지 목표를 달성할지 기한을 정해보자. 5년이나 10년 뒤라고 하면 현실성이 떨어지고 도중에 지칠 가능성이 있으므로 1년 혹은 3년 이내로 목표 기한을 잡길 권한다.

우리 집의 장점을 찾는다

이번 장에서는 현재 자신이 살고 있는 집이나 일하는 사무실을 어떻게 활용해야 운을 끌어들이고 능률을 높일 수 있는지 구체적인 실천 방법에 대해 소개했다. 흔히 내가 사람들에게 "공간이 인간에게 지대한 영향을 미칩니다"라고 말하며 이런저런 설명을 하면 "그래서 지금껏 내 일이 잘 풀리지 않았군요"라며 자신의 집과 사무실에 대해 불만을 갖거나, "이사하기 전에 미리 신경 좀 쓸 걸 그랬어요" 하며 후회를 하기 일쑤였다. 하지만 그렇다고 해서 정말로 당장 이사를 갈 수도 없는 노릇 아닌가? 후회한다고 해서 달라질 건 아무것도 없고 오히려 상황만 안 좋아지게 마련이다. 지금 집의 단점만 보지 말고 공간을 어떻게 활용하면 한층 더 즐겁고 생산적으로 살아갈 수 있을지 생각하고 보완하는 것만으로도 분명 우리의 삶은 크게 달라진다. 예를 들어 집을 크게 바꾸지 않아도 퇴근 후부터 다음날 출근하기 전까지 할 수 있는 일은 많다.

'혼자 욕조에 몸을 담그고 피로를 푼다.'

'마음에 드는 의자에 앉아 좋아하는 음악을 듣는다.'

'자기 전 5분만이라도 배우자와 깊은 대화를 나눈다.'

'좋아하는 텔레비전 프로그램을 보고 함께 토론한다.'

'거실에 책장을 마련해두고 가족이 함께 책을 읽는다.'

'저녁 식사만큼은 꼭 가족과 함께하며 이야기를 나눈다.'

'혼자만의 공간에 앉아 내일 해야 할 일에 대해 생각한다.'

'잠들기 전이나 밥을 먹기 전, 집을 나서기 전에 가족에게 기분 좋게 인사한다.'

이런 작은 행동들이 모여 기분 좋은 시간과 공간을 만든다. 그러면 분명 환경은 우리의 삶에 활력을 더해줄 것이다. 더불어 '나는 행복을 만드는 집에 살고 있다' 혹은 '공간으로부터 좋은 에너지를 받고 있다'고 생각해보자. 그것만으로도 집이 좋아지고 마음이 편안해지며 인생도 술술 풀릴 것이다.

제6장

공간이 주는 혜택으로 성공에 가까워져라

•
•
•

공간은 행동을 만들고, 행동은 습관을 만들며, 습관은 한 사람의 인생을 좌우한다. 마지막 제6장에서는 공간이 우리에게 선물하는 놀라운 혜택을 소개하고, 성공한 부자들이 가진 공간에 대한 감각을 정리하고자 한다. 먼저 자신에게 이런 질문을 던져보자. '왜 나는 그 집에 살고 있는가?' 사는 이유가 명확해지면 공간에 목적이 생긴다. 나아가 살고 있는 집에서 자아의 성장부터 대대적인 변화까지 모든 것을 경험하게 될 것이다.

왜 그 집에 살고 있는가?

마지막 장을 시작하기에 앞서 이 책을 읽는 독자들에게 이렇게 묻고 싶다.

"당신은 왜 그 집에 살고 있나요?"

내가 강의를 맡고 있는 〈집 짓기 세미나〉에서도 맨 처음 수강생들에게 "당신은 왜 그 집에 살고 있나요?"라고 묻는다. 그러면 질문을 받은 사람들 중 90퍼센트 이상이 "글쎄요" 하며 쉽게 대답하지 못한다. 건축사인 만큼 내가 만나는 사람들은 자신의 집을 소유하는 데에 관심이 있거나, 앞으로 집을 지으려고 계획하는 사람이 많다. 그럼에도 불구하고 대부분 지금 자신이 살고 있는 집을 선택하고 구입한 동기를 명확하게 이야기하지 못한다.

설령 이유가 있다고 해도 '회사와 가까워서'라든가 '지금의 월급으로 감당할 수 있는 집세라서'와 같이 일단 현재 상황이 허용하는 범위 내에서 찾은 소극적인 이유가 대부분이었다. 그래도 개중에는 동경하던 '내 집 장만'을 실현한 지 얼마 되지 않아 "가족과 즐겁게 살고 싶어서요"라며 희망적인 이유를 말하는 사람도 있었다. 하지만 '어차피 집은 잠만 자는 곳이야'라며 집을 별로 중요하게 생각하지 않거나, 비바람을 피하기 위한 평범한 상자처럼 생각하는 사람도 정말 많았다.

하지만 성공한 부자들은 집에 대한 명확한 비전과 생각을 가지고 있다. 내가 20년 넘게 세미나를 진행하고 건축 상담을 하며 수천 명의 사람을 만나본 결과, 부자들은 일반적인 사람들에 비해 이루고 싶은 라이프스타일이 명확하고 그 장소에서만 얻을 수 있는 목적을 분명하게 가진 채 집을 선택하고 있었다.

'살고 싶은 동네 1위, 기치조지[吉祥寺]에 살며 젊은이들의 기운을 느끼고 싶다.'

'오모테산도[表参道]에 살며 유명 브랜드를 보고 패션 감각을 키우고 싶다.'

'피서지로 유명한 가루이자와에 살며 매순간 기분 전환을

하고 싶다.'

이처럼 '그 집에 살기 때문에' 실현할 수 있는 일들을 꽤나 구체적으로 상상한다. 그리고 꿈을 이루기 위해 적극적인 자세로 집을 고르고 결정한다. 그런 사람들은 아무리 현재 자신이 처한 상황이 열악해도 '집세가 너무 비싸서', '그 동네는 좀 부담스러워서'라는 핑계를 대지 않는다. 오히려 '전철로 시내까지 편리하게 출근하면서도 바다가 보이는 집은 없을까?'라는 다소 허무맹랑한 꿈을 품다가 정말로 바라던 집을 발견해 살고 있다. 그런 사람들에게 "왜 그 집에 살고 있나요?"라고 물으면, "매일 아침 일어나서 바다를 보는 일이 너무 즐겁거든요", "새소리를 들으며 눈을 뜨면 기분이 좋아져요"라며 얼굴에 한가득 미소를 띈 채로 대답한다. 집을 자기 인생의 일부로 생각하고 그만큼 의미 있게 활용하기 때문에 대답이 바로 떠오르는 것이다.

집을 제대로 활용하면 분명 당신의 인생은 변화한다. 나는 그 사실을 부자들의 라이프스타일을 엿보면서 실감했다. 그렇다고 해서 '나는 목적도 없이 집을 샀는데……'라며 주눅 들지 말기를 바란다. 반드시 집을 옮기지 않아도 지금 살고 있는 공간을 어떤 생각으로 활용하느냐에 따라 인생을 변화시킬 수 있기 때문이다. 지금이라도 '나는 왜 이 집에 사는가?'라는 질문에 대해 명확하게 의식을 갖고 구체적인 이유를 찾아보길 바란다.

일과 관계가 편안해지는 집 활용법

일은 물론 인간관계까지도 순조롭게 해내는 사람들은 집을 어떻게 바라보고 활용하고 있을까? 그 대표적인 방법 네 가지를 소개하고자 한다.

첫째, 집으로부터 에너지를 충전한다.

일을 마치고 기분 전환을 할 때, 대개 사람들은 한잔하러 술집에 가거나 피트니스 센터에 가 운동을 하며 스트레스를 해소한다. 물론 그런 방법을 통해 피로를 풀고 컨디션을 회복하는 것도 좋지만 날마다 가기에는 다소 무리가 따른다. 그래서 부자들은 육체와 정신을 힐링하는 장소로 언제든 돌아갈 수 있는 '집'

을 활용한다. 매일 바쁘게 일하고 여러 사람을 만나는 부자일수록 집을 선택하고 꾸밀 때 '하루 동안 쌓인 피로를 풀고 마음의 안정을 취할 수 있는가'를 최우선으로 여긴다. 잠자리에 탐욕스러우리만큼 투자를 하는 것도 이의 일환이다. 또 반신욕을 할 수 있게 욕조 주변을 꾸미거나 집 안에 작은 골프 연습장을 만들어 휴식을 취하기도 한다. 부자들처럼 비싼 돈을 들이지 않더라도 자신의 취미나 취향에 맞게 집을 힐링의 장소로 꾸며보자. 집으로부터 받는 좋은 에너지는 분명 우리의 일상에 큰 활력을 줄 것이다.

둘째, 집을 통해 일을 초월한 인간관계를 쌓는다.

누구나 일을 하다 보면 어떤 문제나 곤란한 상황에 직면한다. 그럴 때 인생을 순탄하게 풀어나가는 사람들은 혼자서 끙끙대며 고민을 붙잡고 있지 않는다. 해결책을 알고 있을 법한 사람들을 만나 도움을 청하고 고민을 함께 나눈다. 업무상의 문제라고 해서 반드시 옆자리 동료나 상사에게만 의논할 필요는 없다. 법률적인 문제가 결부되어 있다면 변호사를 찾아가 확인하면 되고, 새로 가게를 오픈한다면 설계사 친구를 만나 주의해야 할 점을 물어보면 된다. 좁은 인맥 안에서만 문제를 해결하려고 하면 일은 정체되게 마련이다. 여러 사람을 통해 고민을 나누고 이야기를 하면 좋은 힌트도 얻고 결국에는 해결 방안까지 들을 수 있다. 성공한 부자들은 어려운 상황에 처했을 때 자신을 도와줄 인맥을 만드는 장소로 집을 이용한다. 물론 때에 따라서는 고급 레스토랑이나 호텔 라운지에서 모임을 갖기도 하지만, 그 경우에는 아무래도 비즈니스상의 교제로만 비춰지기 쉽다. 즉 일을 초월한 관계를 맺고 신뢰를 다질 수 있는 최고의 장소가 집이라고 강조한다.

셋째, 가족 간에 유대를 깊게 한다.

일반적으로 가족 간에 서로 신뢰하고 응원하는 관계를 쌓으려면 물리적인 공간보다는 상대에 대한 배려나 태도가 더 중요하다고 여겨진다. 하지만 집과 공간은 분명 사람의 몸 상태나 감정, 그리고 행동에까지 크게 영향을 미친다. 실제로 차가운 색 계열로 인테리어를 한 방에서는 멀쩡하던 사람의 체감 온도가 3도나 낮아졌다는 연구 결과도 있다. 조금 다른 예지만, 일조 시간이 적은 지역에 사는 사람들은 그렇지 않은 사람들에 비해 더 자주 무기력함을 느낀다고 한다.

주변 환경이 사람의 감정에 미치는 영향을 가볍게 보지 말아야 한다. 인생이 순탄한 사람들은 이러한 사실을 잘 알기 때문에 가족 간의 관계에 있어 말이나 태도뿐만 아니라 공간까지도 신경을 쓰고 있다.

넷째, 창의력이 샘솟는 공간을 만든다.

으레 창의력이라고 하면 많은 사람이 예술가에게만 필요한 자질이라고 생각한다. 사무직에 종사하는 직장인들은 더더욱 자신에게 창의력이 필요하지 않다고 말한다. 하지만 성공한 부자들은 직업에 관계없이 창의력이 무척 뛰어나고, 이를 일에도 잘 활용한다. 가령 세일즈맨이라면 상품을 소개할 때 카탈로그에만 의존하지 말고 남과 다른 방법을 이용해 '사고 싶다'는 생각이 들게끔 영업할 수 있다. 또 설령 사무직 종사자라도 어떻게 하면 더 읽기 편하고 이해하기 쉬운 자료를 만들 수 있는지 고민하면 된다. 즉 모든 일에 있어 창의력을 발휘하면 성과를 극대화시킬 수 있다.

자신의 재능을 발휘하고 능력을 인정받는 사람일수록 창의적인 발상을 중요시한다. 집 안에 혼자 생각에 잠길 수 있는 공간을 만들거나, 거실이나 서재에 서가를 만드는 것도 다 창의력을 높이기 위한 부자의 공간 활용법이다.

좋은 장소에 가는 것만으로 **인생이 달라진다**

물론 세상에는 환경의 영향과 무관하게 성공을 거둔 사람도 존재한다. 아마 수천 명에 한 명 정도이지 않을까 싶다. 그런 사람들은 애초에 특출한 힘이나 능력을 타고났기 때문에 일찍부터 리더가 되어 자신의 성공담을 여기저기 전달한다. 그런데 과연 일반 사람들도 그들과 같은 방법으로 성공할 수 있을까? 나는 아니라고 본다. 오히려 힘만 더 들 뿐 생각처럼 성공을 거두기란 쉽지 않다.

수많은 경제경영 도서에서는 '일급 레스토랑이나 호텔 라운지를 자주 이용하고 체험하라'는 메시지가 나온다. 나는 이 말에 전폭적으로 동의한다. 왜냐하면 그곳에서만 받을 수 있는 서비스나 분위기를 체험함으로써 '나는 최고급 장소에 어울리는 사람'이라는 자아상을 형성할 수 있기 때문이다. 물론 처음에는 '내가 이런 곳에 있어도 될까?' 하고 불편하게 느낄 것이다. 자기 인식이 그렇게 쉽게 바뀔 리가 없지 않은가? 하지만 반복해서 다니다 보면 그 장소에 축적된 좋은 기운의 영향을 받게 된다. 그리고 위화감이 점점 사라지면서 마음이 편안해진다. 신기하게도 거기에 맞춰 자존감도 높아진다.

그밖에도 최고급 장소에서 겪은 체험들은 성공한 사람들과의 연결고리를 더 단단하게 만들기도 한다. 예를 들어 고객과 잡담을 하는데 상대가 무심코 "로마의 A 호텔 라운지가 참 괜찮더라고요"라고 말했다고 가정해보자. 그때 당신이 곧바로 "그렇죠. 그 라운지 난로 앞에 있는 소파가 정말 편안하더라고요"라고 대답하면 상대는 직감적으로 당신을 동급의 존재로 인식한다. 비즈니스로 얽힌 관계를 넘어 한층 더 친밀한 관계가 될 수 있고 신뢰도 높아지기 때문에 좋은 결과를 얻을 수 있다.

우리의 감정이나 컨디션은 나도 모르는 사이 주변 환경에 크게 좌우된다. 성실하고 겸손한 사람일수록 일이 잘 풀리지 않을 때 '내가 서툴러서 안 되는 거야'라고 자기 탓을 하며 상심한다. 하지만 자신에게 엄격하게 대하기에 앞서 나의 일과 인생을 방해하는 환경적 요인은 없는지 확인해보길 바란다.

환경을 통해 **능력**을 끌어내는 법

능력을 최대한으로 발휘하기 위해서는 환경을 잘 활용해야 한다. 마지막으로 환경이 주는 혜택을 받기 위해 우리가 일상에서 무슨 일부터 시작해야 하는지를 소개하겠다.

첫째, 특정 장소에서 느끼는 기분을 의식해본다.

장소나 공간이 미팅의 결과나 업무 성과, 몸 상태나 정신적 밸런스에 얼마나 큰 영향을 미치는지 지금껏 잘 인지하지 못했을 것이다. 우선 공간을 바꾸기에 앞서 다양한 장소에서 자신이 어떤 기분을 느끼는지 제대로 의식해보길 바란다. 출근 전 커피를 마시러 들르는 카페는 어떠한가? 좁지만 왠지 마음이 편안한가, 유명한 가게임에도 빨리 나가고 싶은가? 또 사무실에서도 '여기 앉으면 의욕이 솟는다'거나, '이 방에서 미팅을 하면 항상 좋은 아이디어가 떠오른다'고 여겨지는 장소는 없는지 생각해보아야 한다. 그렇게 하면 나와 궁합이 잘 맞는 공간을 찾을 수 있고, 공간으로 인한 영향력을 실감하게 될 것이다.

둘째, 공간의 사용 의도를 명확히 한다.

앞에서 성공한 부자들은 집을 구할 때 '공원 근처에 살며 휴식을 취하고 싶다'거나 '매일 아침 바다를 보며 눈을 뜨고 싶다'는 것과 같이 명확한 목적과 의도를 생각한다고 말한 바 있다. 장소가 지닌 좋은 기운을 느꼈다면, 다음은 '왜 그 장소인가?'라는 질문을 떠올려야 한다. 공간을 어떻게 활용할지 생각해보라는 의미다. 자신이 지닌 잠재력을 실현시키기 위해서는 어떤 일을 하기에 앞서 왜 그곳에 있는지를 분명하게 인식하는 게 중요하다.

그렇다고 해서 새로이 목적을 정하고 꼭 그 목적에 맞는 집으로 이사할 필요는 없다. 지금 살고 있는 집에 대한 의식을 바꾸고 의도를 깨우치면 된다. 예를 들어 당신이 회사에서 마련해준 사택에 살고 있다고 치자. 아마 대부분 '왜 그곳에 살고 있는가?'라는 물음에 대해 '회사가 마련해주어서', '집과 회사가 가까워서', '집세가 싸서'라는 이유를 떠올릴 것이다. 물론 그 의도가 나쁘다는 뜻은 아니다. 다만 조금 더 발전적이고 즐거운 이유를 다시 생각해볼 필요가 있다. 회사와 가까운 것이 그 집에 사는 이유라면 '출퇴근을 할 때 전철에서 사람들과 부딪힐 일이 없고 스트레스에서 해방될 수 있다', 집세가 싸서라면 '그 돈으로 새로운 공부나 경험을 하는 데 투자할 수 있다'처럼 시선을 조금만 돌려 생각해보길 바란다.

셋째, 목적에 따라 장소를 구분한다.

나는 칼럼을 쓰거나 책을 집필할 때 일부러 집 근처에 있는 커피 전문점을 이용한다. 그 장소만이 지닌 에너지를 받고 싶어서다. 카페에는 다양한 사람들이 모여 편안하게 대화를 나누거나 휴식을 취한다. 영업을 하다가 한숨 돌리려고 온 직장인부터, 아이를 데리러 가기 전에 잠시 모임을 갖는 주부들, 독서를 하러 온 노인들까지 남녀노소가 모여 있다.

실제로 나는 집이나 사무실에 틀어박혀 글을 쓰면 너무 전문적이고 딱딱한 내용만 다루는 경향이 있다. 하지만 카페에 앉아 다양한 사람들을 보면 그들에게 필요한 쉽고 재미있는 아이디어가 마구 떠오른다. 그리고 '이런 사례를 넣어주면 좋겠군' 하고 유용한 글감까지 생각해낸다.

반대로 고객과 미팅을 할 때는 주로 일급 호텔 라운지를 이용한다. 호텔 라운지는 가격이 높고 상류층이 이용하는 장소라 쉽게 가기 어렵다는 이미지가 있다. 물론 음료 한잔에 10000원이 넘어가는 것도 허다하지만, 그럼에도 성공한 사람들의 좋은 기운을 받기 위해서는 종종 가는 편이 좋다고 생각한다. 가격이 높은 만큼 거기에 어울리는 서비스를 누리며 기분 좋게 대화를 이어나갈 수 있기 때문이다. 더불어 근사한 공간이 지닌 좋은 에너지를 통해 만족스러운 결과까지도 얻을 수 있다.

넷째, 친밀해지고 싶은 상대와 거리를 좁힌다.

방이나 공간만큼 중요한 환경이 또 있다. 바로 사람과 사람 사이의 '물리적 거리'다. 환경을 생각했다면 그다음으로 상대방과의 거리에 대해서도 생각해보자. 모르는 사람들만 타고 있는 엘리베이터 안은 왠지 모를 긴장감이 감돈다. 하지만 아는 사람들과 함께 타면 긴장이 느껴지지 않는다. 이처럼 상대방과 어떤 관계를 맺고 있느냐에 따라 마음이 편해지는 거리는 다르다.

회의나 미팅을 할 때 대개 사람들은 마주보고 앉는다. 하지만 레스토랑이나 바에서 상대방을 더 깊게 알고 싶거나 친해지고 싶으면 자연히 테이블 모퉁이를 끼고 'ㄱ' 자로 앉거나 옆으로 나란히 앉지 않던가? 일에 있어서도 '이 사람과는 신뢰를 쌓고 싶다'라는 생각이 들면 의식적으로 앉는 위치를 조정해보자. 물론 처음 만난 사이인데 나란히 옆으로 앉으면 상대방이 불편하게 느낄 수 있다. 그러나 몇 차례 만난 상대라면 앉는 위치를 바꿈으로써 거리감을 좁히고 친밀감도 쌓을 수 있다.

| 나오는 말 |

더 행복하고 풍요로운 하루하루를 위해

먼저 이 책을 끝까지 읽어준 독자 분들에게 진심으로 감사의 인사를 전한다. 이 책을 읽고 왜 성공한 부자들이 이토록 자신의 집과 방, 사무실 환경에 신경을 쓰고 공을 들이는지 이해했기를 바란다.

틀림없이 주변 공간과 환경은 우리의 인생을 풍요롭게 만드는 힘을 지니고 있다. 이는 20년 넘는 세월 동안 건축사로 일하며 수많은 부자들의 집을 설계하고, 환경이 사람에게 어떤 영향을 미치는지를 연구하며 깨달은 단 하나의 진리다. 집 소파의 위치를 바꾸거나 주방 입구를 활짝 트는 작은 시도만으로도 가족관계는 더 좋아질 수 있고, 빛이 잘 드는 커튼을 달거나 깜빡거리는 조명을 바꾸기만 해도 하루하루의 컨디션이 놀랍도록 개선된다. 이렇듯 가구를 바꾸거나 잡다한 물건만 정리해도 삶의 문제가 해결되는데, 우리는 변화가 필요하다는 걸 알면서도 그대로 방치한 채 사는 경우가 많다. 더 행복한 삶을 위해, 성공하기 위해 아무리 노력해도 주변 환경이 주는 영향을 의식하지 못하면 '밑 빠진 독에 물 붓기'나 다름없다.

대부분의 사람은 성실하고 겸손해서 '일이 잘 풀리지 않는 건 다 실력과 노력이 부족해서야'라고 자책한다. 물론 때로는 자신을 엄하게 채찍질해야 하지만, 오히려 필요 이상으로 자괴감을 느끼면 본래 가진 실력도 발휘하지 못하게 된다.

이 책에는 '왜 나만 이렇게 일이 잘 풀리지 않는 걸까?'라고 생각하는 사람들이 미처 신경 쓰지 못했던 '공간'이라는 요인을 낱낱이 소개했다. 이를 뒷받침하기 위한 근거로 내가 만나고 집을 지어준 부자들의 공간 활용법을 들었다. 이 책을 읽은 후 독자들이 환경의 덫에서 벗어나 성공한 부자들처럼 술술 풀리는 인생을 누린다면 더할 나위 없이 기쁘겠다.

현대 사회는 눈부시게 변화하고 있다. 누가 보기에도 남부럽지 않게 사는 사람도 언젠가는 굴곡을 겪게 마련이다. 하지만 이럴 때 삶을 포기해버리거나 나아갈 방향을 찾지 못해 혼란스러워하기보다는 집을 중심으로 나를 둘러싼 주변 환경을 한번 점검해보길 바란다. 분명 환경 속에 지금의 난국을 타개할 힌트가 숨어 있을 것이다. 이 책이 독자들의 인생에 환한 등대가 되어주었으면 한다.

매순간 당신이 충실한 하루를 보내기를, 그 결과 일과 인생에서 큰 성공을 거두고 행복해지기를 온 마음을 다해 바란다.

옮긴이 **김윤수**

동덕여자대학교 일어일문학과, 이화여자대학교 통역번역대학원을 졸업하였다. 옮긴 책으로는 『부자의 집사』, 『부자의 그릇』, 『심플을 생각한다』, 『가면사축』, 『왜 나는 영업부터 배웠는가』, 『왜 나는 기회에 집중하는가』, 『영업의 가시화』, 『경영의 가시화』, 『3의 마법』, 『너를 위한 해피엔딩』, 『한밤중의 베이커리』 등이 있다.

4000명 부자의 방을 보고 알아낸 공간의 비밀

부자의 방

초판 1쇄 발행 2016년 8월 1일
초판 4쇄 발행 2016년 9월 12일

지은이 야노 케이조
옮긴이 김윤수
펴낸이 김선식

경영총괄 김은영
사업총괄 최창규
기획·편집 임보윤 **디자인** 이소연 **책임마케터** 이상혁
콘텐츠개발6팀장 박현미 **콘텐츠개발6팀** 유화정, 임지은, 임보윤, 이소연
마케팅본부 이주화, 정명찬, 이상혁, 최혜령, 양정길, 박진아, 김선욱, 이승민, 김은지
경영관리팀 송현주, 권송이, 윤이경, 임해랑, 김재경

펴낸곳 다산북스 **출판등록** 2005년 12월 23일 제313-2005-00277호
주소 경기도 파주시 회동길 37-14 2, 3, 4층
전화 02-702-1724(기획편집) 02-6217-1726(마케팅) 02-704-1724(경영지원)
팩스 02-703-2219 **이메일** dasanbooks@dasanbooks.com
홈페이지 www.dasanbooks.com **블로그** blog.naver.com/dasan_books
종이 한솔피엔에스 **인쇄** 민언프린텍 **후가공** 평창 P&G **제본** 에스엘바인텍

ISBN 979-11-306-0915-7 (13190)

• 이 도서의 국립중앙도서관 출판시도서목록(CIP)은 서지정보유통지원시스템 홈페이지(http://seoji.nl.go.kr)와 국가자료공동목록시스템(http://www.nl.go.kr/kolisnet)에서 이용하실 수 있습니다. (CIP제어번호 : 2016017657)